Theresa Lienau | Matthias Röck

Medienerziehung im Dialog

Theresa Lienau | Matthias Röck

Medienerziehung im Dialog

Nachhaltige digitale Bildung als
gemeinsame Aufgabe von Kita und Familie

Gelingensbedingungen und Praxisempfehlungen

kopaed (muenchen)
www.kopaed.de

Bibliografische Information Der Deutschen Nationalbibliothek Die Deutsche Nationalbibliothek verzeichnet diese Publikation in der Deutschen Nationalbibliografie; detaillierte bibliografische Daten sind im Internet über http://dnb.ddb.de abrufbar.

Autor*innen: Theresa Lienau und Matthias Röck

Unter Mitarbeit von: Elena Frense und Lies van Roessel

Illustrationen: Léon Giogoli

Bildnachweise: Ingo Heine (Umschlagfoto, S. 12, 16, 22, 28, 38, 72, 102, 108, 125); Anja Koehler (S. 9), Mark Bollhorst (S. 13); Kita Zwergenhaus am See (S. 99); Kita Augsburg (S. 100); Kinder- und Familienzentrum Martin Luther (S. 101); Theresa Lienau (S. 8, 129)

ISBN 978-3-96848-074-9
eISBN 978-3-96848-674-1

Druck Adverts, Riga (Lettland)

Arnulfstraße 205, 80634 München
Fon: 089. 688 900 98 Fax: 089. 689 19 12
E-Mail: info@kopaed.de Internet: www.kopaed.de

Inhalt

Grußwort
Johannes Hauenstein, Vorstand Stiftung Ravensburger Verlag

Liebe Leserinnen, liebe Leser,

Smartphone und Tablet sind – neben den „klassischen“ Medien – heute in fast jeder Familie permanent präsent: Selbst Neugeborene erleben vom ersten Tag an eine Vielzahl an medialen Reizen. Mobile digitale Geräte verändern die Mediennutzung signifikant – wobei „Nutzung“ bei Babys und Kleinkindern auch bedeutet, dass sie noch kaum etwas von dem verstehen, was sie über die verschiedenen Bildschirme ringsum wahrnehmen. Der Stiftung Ravensburger Verlag war es deshalb mit der vorliegenden Studie wichtig, die frühe Kindheit in den Blick zu nehmen. Medienerziehung als Prozess und Medienkompetenz als Befähigung wird als eines der wichtigsten Lernfelder für Kinder von heute und morgen beschrieben.

Viele wissenschaftliche Studien und Praxisbeobachtungen belegen, dass der Umgang der Eltern und älteren Geschwister mit Smartphone, Fernsehen und Co. die entscheidende Prägung für die Art der Medienaneignung von Kindern darstellt. Viele Mütter und Väter reflektieren ihre eigene „Screen time“ nur unzureichend und sind sich ihrer prägenden Rolle gegenüber ihren Kindern nicht bewusst. Gleichzeitig ist der gesellschaftliche und gesetzgeberische – Stichwort Kinder- und Jugendmedienschutz – Anspruch an die Medienerziehungskompetenz von Eltern sehr groß.

Neben der Familie sind die Kindertageseinrichtungen die wichtigsten Begleiter auch auf diesem Gebiet für die Entwicklung in der frühen Kindheit. Unter Fachleuten besteht kein Zweifel daran, dass Kinder für Medienerziehung und Medienbildung nicht zu jung sein können. Schließlich gehören die in der Familie genutzten Kommunikationskanäle von Beginn an zur Lebenswelt der Kinder dazu – mit allen Chancen und Risiken.

Das Forschungsfeld „Medienkompetenzentwicklung" ist inzwischen breit abgedeckt, es gibt auf lokaler und regionaler Ebene eine Vielzahl von Initiativen der Elterninformation und -beratung, ebenso fördert das Bundesfamilienministerium in Zusammenarbeit mit dem Initiativbüro „Gutes Aufwachsen mit Medien" die Koordinierung und Bündelung der Informationsangebote für Eltern. Auch die Nachfrage nach Fortbildung seitens ErzieherInnen und PädagogInnen ist groß. Gleichzeitig war zum Zeitpunkt der Beauftragung zur Durchführung der Studie „Medienerziehung im Dialog von Kita und Familie" keine strukturelle flächendeckende Förderung von integrierter Medienerziehung für uns erkennbar. Es fehlte auch an Kenntnis über die Erprobung von praxistauglichen Konzepten.

Wenn wir von der generellen Anforderung ausgehen, dass Eltern und professionell Erziehende befähigt werden sollen, „Kinder von Anbeginn ihres Lebens in jeweils altersangemessenen Formen darin zu unterstützen, ein souveränes Leben mit Medien zu führen, ihre Vielfalt zu entdecken und die Bandbreite der Möglichkeiten selbstbestimmt und zu partizipativen Zwecken in Gebrauch zu nehmen"[1], braucht es das Zusammenwirken von Familie und pädagogischer Einrichtung. Diese Einschätzung brachte uns zu der zentralen Fragestellung: Wie gelingt die notwendige Vernetzung in der Medienerziehung von Familie und Kita wirkungsvoll, welche Modellprojekte gibt es dazu bereits und welche Voraussetzungen müssen geschaffen werden, damit eine flächendeckende Umsetzung gewährleistet werden kann?

Mit der Stiftung Digitale Chancen haben wir für diese mehrjährige Studie einen Partner gefunden, der sich an der Schnittstelle zwischen Forschung und Praxis mit den potenziell förderlichen und hinderlichen Einflussfaktoren beschäftigt hat und in der vorliegenden Publikation zum Abschluss wertvolle Erkenntnisse zur gelingenden Medienerziehung im Dialog von Kita und Familie liefert. Dafür danken wir dem Forscherinnen- und Forscherteam sowie dem wissenschaftlichen Beirat für seine hochkompetente Begleitung während der über vierjährigen Forschungsarbeit.

Johannes Hauenstein, Vorstand Stiftung Ravensburger Verlag

1 Helga Theunert/Kathrin Demmler (2007), (Interaktive) Medien im Leben Null- bis Sechsjähriger – Realitäten und Handlungsnotwendigkeiten. Aus: Herzig, Bardo/Grafe,Silke: Digitale Medien in der Schule. Standortbestimmung und Handlungsempfehlungen für die Zukunft. Studie zur Nutzung digitaler Medien in allgemein bildenden Schulen in Deutschland

Grußwort
Jutta Croll, Vorstandsvorsitzende der Stiftung Digitale Chancen

Liebe Leserinnen, liebe Leser,

Bekommt das Kinderrecht auf Medienbildung einen Kita-Platz? Das ist – provokant formuliert – die Frage, um die es im Projekt Medienerziehung im Dialog von Kita und Familie geht. Aus Sicht der Stiftung Digitale Chancen, die sich seit dem Jahr 2002 für einen chancengerechten Zugang zu digitalen Medien und die Förderung der Medienkompetenz einsetzt, liegt die Antwort nach der viereinhalbjährigen Projektlaufzeit auf der Hand: Ja, Medienbildung muss in der frühkindlichen Erziehung beginnen. Die Projektergebnisse zeigen, dass dies nur Hand in Hand mit pädagogischen Fachkräften und Eltern und auf der Basis einer aufgeschlossenen Haltung der Träger frühkindlicher Bildungseinrichtungen geht.

Als wir das Projekt 2017/18 geplant und schließlich gestartet haben, waren digitale Medien in den Einrichtungen der frühkindlichen Erziehung eher die Ausnahme, und in den Bildungsplänen der Bundesländer war die Vermittlung von Medienkompetenz kaum verankert. Eltern, die sich eine Bullerbü-Kindheit wünschen, und pädagogische Fachkräfte dem Thema skeptisch bis ablehnend gegenüberstanden, prägten das Bild. Umso mehr haben wir uns über den Mut der Stiftung Ravensburger Verlag gefreut, ein scheinbar so heikles Thema aufzugreifen und das Projekt gemeinsam mit der Stiftung Digitale Chancen umzusetzen und zu fördern. Nach der einjährigen Forschungsphase sollte im Frühjahr 2020 die Praxisphase des Projekts in den zehn ausgewählten Einrichtungen beginnen. Die Covid19-Pandemie hat nicht nur uns bei der Umsetzung vor große Herausforderungen gestellt, sondern auch einen Perspektivwechsel auf die Nutzung digitaler Medien bewirkt. Soziale Ungleichheiten beim Zugang und der Nutzung wurden deutlich erkennbar, die Notwendigkeit, mittels digitaler Medien die Kommunikation zwischen Kita und Familien aufrechtzuerhalten, wurde offenkundig, und die Bereitschaft, sich mit den digitalen Möglichkeiten auseinanderzusetzen, wuchs. In dieser veränderten Landschaft und einer deutlich aufgeschlosseneren Atmosphäre fanden die Projektarbeiten ihre Fortsetzung. Gerahmt wurde diese Entwicklung in 2021 durch zwei politische Meilensteine: das novellierte Jugendschutzgesetz in Deutschland, das mit den neuen Schutzzielen der persönlichen Integrität von Kindern und der Orientierung für Eltern und pädagogische Fachkräfte (§ 10a JuSchG) auch die Voraussetzungen in der frühkindlichen Medienerziehung beeinflusst,[1] und die 25. Allgemeine Bemerkung des UN-Kinderrechteausschuss über die Rechte der Kinder im digitalen Umfeld.[2]

Das Recht auf Bildung ist in Art. 28 der UN-Kinderrechtskonvention verankert; Art. 29 definiert als Ziel, dass die Bildung des Kindes darauf gerichtet sein muss, die Persönlichkeit, die Begabung und die geistigen und körperlichen Fähigkeiten des Kindes voll zur Entfaltung zu bringen. Für diese Persönlichkeitsentwicklung spielen digitale Medien heute eine unverzichtbare Rolle. Das hat der Kinderrechteausschuss mit der im März 2021 veröffentlichten 25. Allgemeinen Bemerkung über die Rechte der Kinder im digitalen Umfeld deutlich gemacht und den Staaten die Verpflichtung auferlegt, die Voraussetzungen dafür zu schaffen, dass alle Kinder Zugang zu digitalen Medien haben und dass ihre Kompetenz im Umgang damit gefördert wird. In der UN-KRK ist in Artikel 5 auch das Prinzip der sich entwickelnden Fähigkeiten von Kindern als ein Leitgedanke festgeschrieben. Eltern und andere Erziehungsverantwortliche sollen das Aufwachsen von Kindern in einer deren Entwicklung entsprechenden Weise begleiten. Auch für diese Aufgabe ist die Orientierung an der heutigen Lebenswelt und die frühe Auseinandersetzung mit den Mediennutzungsgewohnheiten von Kindern unverzichtbar.

Die vorliegende Publikation bildet den Abschluss des Projekts Medienerziehung im Dialog von Kita und Familie. Sie dokumentiert die Forschungsarbeiten und deren Ergebnisse sowie die Entwicklung der teilnehmenden Einrichtungen. Anhand der Methode der Praxiserkundungsprojekte zeigt sie auf, wie die Fachkräfte in den Einrichtungen sich den Einsatz digitaler Medien in der frühkindlichen Arbeit erschlossen haben. Wir freuen uns, wenn diese Beispiele guter Praxis Neugier wecken und Mut machen, damit die Medienbildung künftig ein selbstverständlicher Bestandteil der Arbeit mit Kindern ist.

Berlin, im Sommer 2022

Jutta Croll, Vorstandsvorsitzende der Stiftung Digitale Chancen

1 www.gesetze-im-internet.de/juschg

2 https://kinderrechte.digital/hintergrund/index.cfm/topic.280/key.1738

Digitale Medien in der Kita – ein Missverständnis?

> *Medien gehören zur Lebenswelt deines Kindes. Auch wenn Kinder erst ein Jahr alt sind: sie sehen es und finden es interessant. Es ist gut, mal aus Sicht der Kinder zu überlegen: Papa ist da den halben Tag dran, also muss da ja irgendwas dran sein. Immer wenn es klingelt, lässt er alles fallen und nimmt das Ding ans Ohr, ob ich mit ihm spiele oder nicht. Muss das Ding spannend sein! – Das ist für mich Aufklärung, wenn die Eltern mal die Kinderperspektive übernehmen.*
>
> *Zitat einer Kita-Leitung*

Frühe Medienerziehung führt dazu, dass Kinder noch mehr Zeit vor Bildschirmen verbringen – das denken viele Eltern und auch Erzieher*innen. Die Sorge besteht, dass Kinder vor den Geräten „geparkt" werden, dass sie sich weniger bewegen und andere Bildungsbereiche vernachlässigt werden. Dabei gerät jedoch der zentrale Gedanke der Medienerziehung völlig in den Hintergrund: Wichtiger als die Frage, *ob* Medien genutzt werden, ist die Frage, *wie* sie genutzt werden. Dies wird deutlich, wenn man sich zwei Situationen vergegenwärtigt: Man stelle sich ein Kind vor, das alleine vor einem Tablet sitzt und sich die Zeit damit vertreibt, Folge um Folge seiner Lieblingsserie anzuschauen. Aufgrund fehlender Filtereinstellungen wird plötzlich eine andere, auf ältere Kinder ausgerichtete Sendung angezeigt – die es sich neugierig ansieht. Die zweite Szene könnte man sich so vorstellen: Gemeinsam mit einem Erzieher stehen mehrere Kinder in der Kinderküche ihrer Kita und bereiten Nudeln mit Würstchen, frischen Tomaten und Basilikum zu. Die Kinder überlegen: Wenn sie jemandem das Rezept erklären wollen, welche Schritte sind wichtig, um das Essen nachkochen zu können? Mit einem Tablet fotografieren sie jeden Arbeitsschritt. Später bringen sie die Bilder in die richtige Reihenfolge – ein Rezeptbuch entsteht.

Beide der Situationen involvieren ein Tablet – und trotzdem dürfte klar sein, dass es nicht das Gerät ist, welches ausschlaggebend dafür ist, ob eine Situation potentiell gefährlich oder für das Kind schädlich sein kann. Diese Einsicht scheint sich auch bei vielen Eltern durchzusetzen, wie die miniKim-Studie (Medienpädagogischer Forschungsverbund

Südwest 2021) zeigt: Obwohl Eltern durchaus sensibel gegenüber den Gefahren und Risiken sind, die digitale Medien mit sich bringen können, wächst die Offenheit, die Geräte auch zu Bildungszwecken einzusetzen.[1]

Dennoch stellt die Nutzung digitaler Medien durch Kinder oft ein Reizthema dar. Wie im Verlaufe des Buches gezeigt wird, haben sowohl viele Eltern als auch pädagogische Fachkräfte noch immer ein unklares Verständnis von Medienpädagogik, auf das auch viele abwehrende Haltungen zurückzuführen sind. Dieses Missverständnis gilt es aufzulösen. Denn damit Kinder heute gut und sicher lernen, mit digitalen Medien umzugehen, genügt es nicht, deren Nutzung einzuschränken. Vielmehr bedarf es eines geteilten Verständnisses davon, was Medienerziehung ist und welche Ziele im Rahmen einer dem Alter angemessenen medienpädagogischen Begleitung verfolgt werden sollen. Seit dem bekannten Modell von Dieter Baacke gibt es immer wieder neue Aufschlüsselungen, welche Lernziele Medienerziehung umfasst (siehe Kapitel 2.5). Ihnen ist gemein, dass stets diverse Bereiche und Kompetenzen angesprochen werden, was die Vielfalt und umfassende Bedeutung des Begriffs „Medienkompetenz" verdeutlicht: Medienpädagogik kann etwa bedeuten, Kinder an einen bewussten, kritischen und reflektierten Umgang mit Medien heranzuführen und ihnen einen kreativ-gestalterischen Umgang mit Medien zu ermöglichen (Reichert-Garschhammer 2019).[2] In der Praxis bedeutet dies beispielsweise, Kindern zu zeigen, was der *Trick* im Trickfilm ist und warum diese nicht die Realität abbilden. Medienpädagog*innen besprechen mit Kindern, was das Recht am eigenen Bild bedeutet: Dass man nicht ungefragt Menschen fotografieren darf und sie selbst auch ein Recht darauf haben, zu bestimmen, welche Fotos von ihnen gemacht und weiterverschickt werden dürfen. Aber auch das gehört dazu: offen zu sein für die Medienwelten der Kinder und in Problemfällen Hilfestellung leisten zu können.

Kitas, die digitale Geräte in ihrer Bildungsarbeit nutzen, sind keine Einrichtungen, in denen an jeder Ecke ein Bildschirm blinkt und Aufmerksamkeit fordert, in denen Erzieher*innen sich nicht mehr um die Kinder kümmern oder in denen Kinder nicht mehr toben, malen, basteln und musizieren. Vielmehr nehmen sie sich der Herausforderungen an, die das Aufwachsen in einer digital geprägten Welt mit sich bringt.

Auch wenn die Generation der Heranwachsenden allzu oft als „digital natives", also digitale Eingeborene, bezeichnet wird, darf der Begriff über eines nicht hinwegtäuschen: In der digitalen Welt aufzuwachsen ist keine Garantie dafür, dass man sich souverän, selbstbestimmt und sicher in dieser bewegt. Es bedeutet nicht, dass Kinder „automatisch" die nötigen Kompetenzen erwerben, um zum Beispiel glaubwürdige von unglaubwürdigen

1 Seit der letzten Erhebung im Jahr 2014 ist die Zustimmung zu der Aussage „Tablets bieten viele Möglichkeiten, um gemeinsam mit dem Kind spielerisch zu lernen" um 28 Prozentpunkte gestiegen: von 42 auf 70 Prozent.

2 Eine genauere Bestimmung der hier aufgeworfenen Begriffe (Medienerziehung und Medienkompetenz) findet sich in dem Kapitel *Grundlagen* (siehe Kapitel 2.5).

Informationen unterscheiden zu können. Wenn es also ein Ziel (medien)pädagogischer Bemühungen sein soll, dass kommende Generationen den Medienwandel aktiv und in ihrem Sinne mitgestalten können, ist es wichtig, dass Kinder schon früh lernen, dass Medien *von* Menschen *für* Menschen gemacht sind. Damit Kinder gesund und sicher aufwachsen können, gilt es auszuloten, wie Kinder auf sichere und begleitete Art mit und über digitale Medien lernen können. Die Lösung kann nicht darin bestehen, vermeintliche Schonräume zu schaffen, in denen Kinder erst gar nicht mit digitalen Geräten in Berührung kommen. Wie das Thema Digitale Medien in der frühkindlichen Bildung verankert werden kann, und welche Bedingungen erfüllt sein müssen, damit Medienerziehung als eine gemeinsame Aufgabe von Kita und Familie verstanden wird – darüber gibt dieses Buch Aufschluss.

Ausblick ins Buch

Im Zentrum des Buches steht die Frage, wie Kitas gut mit Eltern in den Dialog gehen können, um frühkindliche Medienerziehung als gemeinsame Aufgabe zu begreifen. Hierfür müssen jedoch zunächst innerhalb der Kitas entsprechende Grundlagen geschaffen werden: Damit sich Fachkräfte auch argumentativ gegenüber Eltern und anderen Teammitgliedern sicher fühlen, benötigt es kitainterne Prozesse, um gemeinsame Ziele zu setzen. Während wir in Kapitel 2 („Grundlagen“) auf das Phänomen der (De-)Mediatisierung sowie die kinderrechtliche und bildungspolitische Basis frühkindlicher Medienpädagogik eingehen, erläutern wir in Kapitel 3, wie solche kitainternen Prozesse gestaltet werden können, damit der Bildungsbereich Digitale Medien nachhaltig in Kitas verankert wird. Die medialen Veränderungen des Alltags sind weitreichend – das gilt für den beruflichen Alltag ebenso wie für das private Leben. Daher ist es zentral, dass Bildungseinrichtungen in der Lage sind, auf diesen Wandel zu reagieren: Medienerziehung muss immer wieder auf die neuen medialen Angebote und Nutzungspraktiken reagieren und diese aufgreifen. Um zu beschreiben, wie Kitas auf die Veränderungen ihrer Umwelt reagieren können, verwenden wir den Begriff der *Lernenden Kita* – in Anlehnung an den von Peter Senge (2003) geprägten Begriff der *Lernenden Organisation*.

Im vierten Kapitel widmen wir uns dem Dialog zwischen Einrichtung und Familie. Zwar wird sowohl in der Forschung als auch in der Praxis immer wieder hervorgehoben, wie wichtig die Einbeziehung der Eltern und Familien ist (vgl. zum Beispiel Kutscher/ Bischof 2020; Reichert-Garschhammer 2019; Schubert et al. 2018) – jedoch mangelt es an klaren Konzepten, wie dieser Dialog ausgestaltet sein kann. Hier möchte dieses Kapitel Abhilfe schaffen: Mit Erkenntnissen, wie Eltern angesprochen, eingebunden und für das wichtige Thema Medienerziehung sensibilisiert werden können.

Sowohl die kitainternen Veränderungen (Kapitel 3) als auch der Dialog mit den Eltern (Kapitel 4) erfordern, dass gewohnte Prozesse neu gedacht werden. In Kapitel 5 stellen wir eine Methode vor, wie Veränderungen auch im sehr arbeitsintensiven Kita-Alltag angestoßen werden können. Das Konzept der sogenannten „Praxiserkundungsprojekte" stammt vom Goethe Institut (aus dem Programm „Deutsch Lehren Lernen") und wurde im Rahmen des Projekts für den Kita-Kontext angepasst und mit den Projektkitas erfolgreich erprobt.

In Kapitel 6 gehen wir schließlich auf die Bedeutung externer Unterstützung ein und nehmen hier insbesondere die Träger in den Blick. Es wird gezeigt, wie wichtig die Rolle der Träger für die Verankerung des Bildungsbereichs Medienpädagogik in den Kitas ist und wie Träger und Einrichtungen zielgerichtet zusammenarbeiten können.

MEDIEN ERZIEHUNG
IM DIALOG
In Ihrer Kita
wird geforscht!
Teilnahme am Forschungs- und Praxisprojekt
Medienerziehung im Dialog von Kita und Fam

1. Das Projekt „Medienerziehung im Dialog“

Entstanden ist das vorliegende Buch im Rahmen des viereinhalbjährigen Forschungs- und Praxisprojekts „Medienerziehung im Dialog“. Gemeinsam mit Kitas, Fachkräften, Eltern und auch Kindern wurde erforscht, wie sich die medienerzieherische Begleitung in der frühkindlichen Bildung im Dialog zwischen pädagogischer Einrichtung und Familie zielführend gestalten lässt.

Das Projekt umfasst **drei aufeinander aufbauende Module**.

- Im Zentrum des ersten Moduls stand eine Literaturrecherche, die den wissenschaftlichen Stand im Bereich Medienerziehung in der frühkindlichen Bildung und die Formate der Zusammenarbeit zwischen Einrichtungen und Familie erfasste. Ergänzend wurden halbstrukturierte Interviews mit Praxisexpert*innen geführt sowie eine Dokumentenanalyse der Bildungspläne der Bundesländer hinsichtlich der Verankerung des Themas Medienerziehung durchgeführt. Auf Basis der Ergebnisse wurde ein Variablenkatalog erstellt, welcher mögliche förderliche und hinderliche Faktoren für eine gelingende Medienerziehung in frühkindlichen Bildungseinrichtungen unter Einbeziehung der Eltern und Familien identifiziert. Die Ergebnisse des ersten Moduls wurden im sogenannten „Grünbuch“ (Lienau/ van Roessel 2019a) zusammengefasst.
- Das zweite Modul beschreibt die Feldphase des Projekts. Zehn ausgewählte Kitas – sowohl mit fortgeschrittenen als auch eher am Anfang stehenden medienerzieherischen Konzepten – wurden über zwei Jahre begleitet und ihre Vorgehensweisen ausgewertet.
- Im dritten Modul wurden auf Basis der Daten aus dem ersten und zweiten Modul Gelingensbedingungen und Handlungsempfehlungen identifiziert. Hierfür wurde der umfassende Variablenkatalog aus dem ersten Modul anhand der Daten aus dem zweiten Modul (der Feldphase) reduziert, gewichtet und durch konkrete Praxiserfahrungen angereichert.

Abb. 1: Darstellung der drei Module des Praxis- und Forschungsprojekts „Medienerziehung im Dialog".

Um praxisnahe und leicht umsetzbare Gelingensbedingungen und Handlungsempfehlungen zu formulieren, wurde ein partizipativer Forschungsansatz gewählt, bei dem die Fachkräfte und Leitungen der Projektkitas in den Forschungsprozess einbezogen wurden. Durch ihre Entscheidungen gaben sie dem Projekt richtungsweisende Impulse und waren in den sogenannten Praxiserkundungsprojekten (siehe Kapitel 4.4 und 5) auch selbst forschend tätig.

1.1 Auswahlverfahren der Projektkitas

Die zehn Projektkitas wurden in einem **Bewerbungs- und Auswahlverfahren** mit der Zielsetzung zusammengestellt, die Heterogenität der Kita-Landschaft möglichst gut abzubilden. Sie haben verschiedene Trägerstrukturen (sowohl privat als auch öffentlich, kommunal oder überregional, betriebsnah, kirchlich oder als Eigeninitiative), sind in drei Bundesländern verteilt (Berlin, Brandenburg und Niedersachsen), in ländlichen, urbanen oder Stadtrand-Gebieten angesiedelt. Sie brachten zu Projektbeginn unterschiedliche Vorerfahrungen in der medienpädagogischen Arbeit mit: Während einige bei Null anfingen, verfügten andere bereits über mehrere Jahre Erfahrung, von denen die anderen Kitas profitieren konnten. Auch in Bezug auf die Kommunikation mit den Eltern sowie die Zusammensetzung der Elternschaft wurde bei der Auswahl der Kitas auf ein breites Spektrum geachtet. Ob überwiegend alleinerziehend, sehr interkulturell durchmischt oder vorrangig junge technikaffine Eltern – für die unterschiedlichen Zielgruppen wurde beobachtet, wie sich der Austausch mit der Kita zum Thema Medienerziehung gestaltete. Nicht zuletzt wurden Einrichtungen ausgewählt, die unterschiedliche pädagogische Schwerpunkte abdecken: von Natur- und Umweltpädagogik über Sprachförderung, Forschen, Kunst oder Musik bis hin zu Religion; ob als Familienzentrum oder Kiez-Kita, bilinguale Einrichtung, Inklusionskita oder 24-Stunden-Betreuung.

1.2 Rahmenbedingungen der zweijährigen Feldphase

Die zweijährige Feldphase begann im Herbst 2019 und war entsprechend stark von den Auswirkungen der Coronapandemie geprägt. Vieles, was ursprünglich geplant war, musste geändert werden. Im Lockdown gestaltete sich der persönliche Kontakt zu den pädagogischen Fachkräften schwierig, dennoch fand durch telefonische Gespräche und Videokonferenzen ein intensiver Austausch zwischen dem Projektteam und den Kitas statt.

Zentrale Bestandteile der Feldphase waren:

Die Fördergelder

Jede der zehn Kitas erhielt von der Stiftung Ravensburger Verlag, die das Projekt gefördert hat, eine Summe in Höhe von 5.000 Euro, die in zwei Raten ausgezahlt wurde. Die Gelder durften für technische Geräte oder Infrastruktur (z.B. WLAN-Ausbau), Fortbildungen, Referent*innen, Software oder Materialien eingesetzt werden, welche entweder der medienpädagogischen Arbeit mit Kindern oder der Kommunikation mit den Eltern dienen. Dabei richtete sich die Verwendung der Fördergelder nach den individuellen Bedarfen der Kita.

Die Netzwerktreffen

Es fanden sechs Treffen statt, bei denen inhaltliche Inputs gegeben wurden und die Kitas sich zu ihren Erfahrungen austauschen konnten. Zu zwei Terminen wurden externe Referent*innen eingeladen. Die Treffen hatten thematische Schwerpunkte, etwa zu der Zusammenarbeit mit Eltern, und nahmen zweieinhalb bis fünf Stunden in Anspruch. Auf Wunsch der Kitas wurde begleitend auch eine Messenger-Gruppe etabliert. Links, Präsentationen und Informationen wurden auf einem *Padlet* (einer Art digitalen Pinnwand) gesammelt.

Die Praxiserkundungsprojekte (PEPs)

Die Methode der sogenannten Praxiserkundungsprojekte stammt aus der Lehrkräfte-Fort- und Weiterbildung Deutsch Lehren Lernen (DLL) des Goethe-Instituts. In – für die Bedingungen der frühkindlichen Bildung – leicht abgewandelter Form haben alle zehn Kitas zwei Praxiserkundungsprojekte durchgeführt. Dabei geht es darum, für eine praxisrelevante Fragestellung neue Lösungsansätze auszuprobieren und gleichzeitig zu beobachten, wie sich diese Änderung in der Praxis auswirkt. Im Zentrum stand dabei die Frage, welche Formate der Elternkooperation sich eignen, um mit Eltern in einen Dialog zum Thema Medienerziehung zu treten. In Kapitel 4.4 werden einige Beispiele näher geschildert; in Kapitel 5 wird das Vorgehen und die Methode ausführlich beschrieben.

Begleitung und Unterstützung

Die Projektkitas wurden in ihrem Vorgehen durch Infomaterialien, regelmäßige Austauschgespräche, Hinweise auf relevante Fortbildungen etc. unterstützt. Die Kitas konnten sich jederzeit mit Problemen oder Fragen an das Projektteam wenden.

Die Begleitforschung

Anhand verschiedener Methoden – Interviews, Fokusgruppen, quantitative Befragungen und teilnehmende Beobachtungen – wurden die Prozesse in den Kitas begleitet. Dabei wurde ein vorrangig qualitativer Ansatz verfolgt, der punktuell durch quantitative Elemente ergänzt wurde.

Zum Anfang der Feldphase fanden ausführliche, ca. zweistündige leitfadengestützte Interviews in den zehn Projektkitas statt. An diesen nahmen je nach Einrichtung die Leitung der Kita sowie pädagogische Fachkräfte, die eine medienpädagogische Multiplikator*innen-Rolle innehatten, teil. Teil des Ersterhebung war es, anhand eines standardisierten Fragebogens ein Profil der jeweiligen Einrichtung zu erstellen und die Räumlichkeiten zu begehen. Im Interview wurden besondere Problemlagen und Ressourcen identifiziert sowie die jeweiligen Ziele und Vorerfahrungen der Kita erfasst – sowohl hinsichtlich der medienpädagogischen Arbeit mit den Kindern, als auch in Bezug auf die Zusammenarbeit mit den Eltern. Weitere Schwerpunkte waren die technische Ausstattung der Kita, mögliche Kollaborationen mit lokalen Partnern und der Kontakt zum Träger.

Während der Feldphase wurden die Entwicklungen in den Kitas durch diverse anlassbezogene Interviews, Telefonate, Zoom-Calls und E-Mails erfasst. Diese richteten sich nach den individuellen Bedürfnissen und Projektverläufen der jeweiligen Kita. Teilnehmende Beobachtungen waren zunächst geplant, mussten jedoch aufgrund der pandemiebedingten Kontaktbeschränkungen nach zwei Terminen abgebrochen werden.

Zwischen März und Juli 2020 wurde über das Umfragetool *SoSci Survey* eine nicht-repräsentative vollstandardisierte Online-Befragung mit Eltern (n = 154) und pädagogischen Fachkräften bzw. Leitungen (n = 137) in den zehn Kitas durchgeführt. Der Fokus der Befragung der Eltern lag auf der Rolle von digitalen Medien in ihrem familiären Alltag sowie auf ihren Haltungen zu Medienerziehung in der Kita. Die Fachkräfte wurden zu ihren Fähigkeiten und ihrem Nutzungsverhalten von digitalen Medien (im privaten wie beruflichen Kontext) sowie ebenfalls zu ihren Haltungen befragt.

Von Juli bis August 2020 wurden die Leitungen bzw. Multiplikator*innen für Medienpädagogik der zehn Kitas mittels einer weiteren, teilstandardisierten Online-Befragung über das Tool Microsoft Forms zu ihren Tätigkeiten während des Lockdowns befragt, mit besonderem Fokus auf Formate des digitalen und nicht-digitalen Kontakts zu Eltern und Kindern.

Im November und Juni 2021 wurden fünf Gruppendiskussionen (Fokusgruppen) sowie drei Einzelinterviews mit insgesamt vierzehn Eltern aus den Projektkitas (coronabedingt) mittels des Online-Videotools *Zoom* durchgeführt. Der Leitfaden umfasste u.a. Fragen zur Rolle von Medien im familiären Alltag (auch zur Zeit der coronabedingten Kontaktbeschränkungen und Kita-Schließungen), Haltungen zu Medienerziehung in der Kita und zur Kita als Ansprechpartnerin für medienerzieherische Fragen (unter Einbeziehung möglicher mit dem Lockdown in Zusammenhang stehenden Haltungsänderungen) sowie Haltungen und Erfahrungen zu digitalen Kommunikationswegen zwischen der Kita und den Eltern bzw. Familien.

Zum Ende der Feldphase fanden – ähnlich wie zu Beginn – erneut ausführliche, ca. zweistündige leitfadengestützte Interviews und Fokusgruppen in den zehn Einrichtungen statt, an denen die Leitungen und/ oder Fachkräfte teilnahmen, die das Projekt in der jeweiligen Kita federführend begleitet haben. Die Interviews dienten der Reflexion des Projektverlaufs: Die zweijährige Feldphase wurde nacherzählt; förderliche und hinderliche Faktoren sowie Erfahrungen, Erkenntnisse, Lernprozesse wurden rekapituliert und eingeordnet.

1.3 Begleitung des Projekts durch den wissenschaftlichen Beirat

Das Projekt „Medienerziehung im Dialog“ wurde über die gesamte Projektlaufzeit durch einen Wissenschaftlichen Beirat begleitet, welcher zu insgesamt acht Sitzungen zusammengekommen ist. Diesem gehören Prof. Dr. Fabienne Becker-Stoll, Prof. Dr. Andreas Breiter, Sabine Eder, Prof. Dr. Nadia Kutscher, Dr. Claudia Lampert, Thomas Rathgeb und Prof. Dr. Roland Rosenstock an. Darüber hinaus nahmen Johannes Hauenstein als Vorstand der Stiftung Ravensburger Verlag, Andrea Reidt bzw. Verena Türck-Weishaupt als Zuständige für die Medien- und Öffentlichkeitsarbeit der Stiftung Ravensburger Verlag und Jutta Croll als Vorstandsvorsitzende der Stiftung Digitale Chancen an den Sitzungen teil.

2. Grundlagen

2.1 Theoretische Grundlagen: Die Kita im Spannungsfeld der (De-)Mediatisierung

Das Projekt „Medienerziehung im Dialog“ steht im Kontext weitreichender gesellschaftlicher Transformationsprozesse, welche durch die fortschreitende Digitalisierung bedingt sind. Es bewegt sich im Spannungsfeld der Mediatisierung, verstanden als der durch den Wandel der Medien verursachte „Wandel von Alltag, Kultur und Gesellschaft“ (Krotz 2017, S. 28). Mediatisierung beschreibt einen „Metaprozess sozialen und kulturellen Wandels“, der „weder räumlich noch zeitlich noch in seinen sozialen und kulturellen Folgen begrenzt ist“ (Krotz 2007, S. 12). Wie dieser Metaprozess verläuft, welche Richtung er einschlägt, hängt wesentlich von „Aushandlungsprozessen“ ab, die auf unterschiedlichen gesellschaftlichen Ebenen von Institutionen, Unternehmen, sozialen Gruppen und Individuen, geführt werden (Krotz 2017, S. 36). Diese komplexen Aushandlungsprozesse finden auf „kultureller, struktureller und institutioneller wie auch individueller und weiteren Ebenen“ statt (ebd., S. 28). Dies betrifft auch den Bereich der frühkindlichen Bildung, der sowohl von der Annahme als auch von der Zurückweisung medientechnologischer Veränderungen und deren Einfluss auf das alltägliche Leben geprägt ist. So besteht einerseits auf Seiten der Bildungspolitik die im Koalitionsvertrag 2021 festgeschriebene Absicht, „den fachlich fundierten Einsatz von digitalen Medien mit angemessener technischer Ausstattung in der frühkindlichen Bildung“ (SPD, Bündnis 90/Die Grünen und FDP, 2021) zu fördern und schon im frühen Alter die „Medienkompetenz zu stärken“. Andererseits lassen sich auf Seiten von Eltern und Fachkräften noch immer viele Unsicherheiten und Bedenken bis hin zu Ablehnung des Einsatzes digitaler Medien im Bereich der frühkindlichen Bildung feststellen. Der Diskurs um die Einbeziehung digitaler Medien in die frühkindliche Bildung ist damit auch von Tendenzen der De-Mediatisierung geprägt. De-Mediatisierung kann man dabei nicht nur als „Sichwidersetzen gegen den jüngsten Medienwandel“ (Grenz/ Pfadenhauer 2017,

S. 4) verstehen, sondern auch als eine legitime „Position in dem Aushandlungsprozess „Mediatisierung" (Krotz 2017, S. 38). Widerständigkeiten bei der Aneignung von Medien sollten deshalb nicht als Technik-Skeptizismus, Hysterie oder irrationale Haltung abgetan werden. Vielmehr sollte es darum gehen, den Mediatisierungsprozess „demokratisch" und unter Berücksichtigung der unterschiedlichen Haltungen zu gestalten, um nicht einem technisch-ökonomischen Fortschrittsnarrativ den Vorzug zu geben (ebd., S. 28). Denn Medien bringen sowohl Chancen als auch Risiken mit sich (ebd., S. 40), die es auch im Hinblick auf den Vorrang des Kindeswohls gemäß UN-Kinderrechtskonvention (Art. 3 (1)) sorgsam abzuwägen gilt. Grundlegend für die Idee eines medienerzieherischen Dialogs ist daher die Einsicht, dass Medien menschengemacht sind und der Mediatisierungsprozess gestaltbar ist. Auch die Vermittlung von Medienkompetenzen kann aus einer mediatisierungsbezogenen Perspektive als Befähigung gesehen werden, den Medienwandel aktiv mitzugestalten.

Ein weiteres Charakteristikum des Mediatisierungsprozesses ist, dass es bei diesem auch zu Ambivalenzen und Widersprüchen kommt. Gerade was die häusliche Mediennutzung angeht, divergieren oftmals die medienbezogenen Haltungen der Eltern und die gelebte Realität. Während die Kita noch immer von vielen Eltern und Fachkräften als ein medienfreier „Schonraum" (Eder et al. 2017) in einer stark von Medien geprägten Welt betrachtet wird, wachsen Kinder heute zunehmend „in Haushalten mit einem sehr breiten Repertoire an Mediengeräten auf", in denen sie auch selbst mit Medien in Berührung kommen (Medienpädagogischer Forschungsverbund Südwest 2021). Die Trennung zwischen vermeintlichem Schonraum und einer medial durchdrungenen Außenwelt lässt sich dabei nur schwer aufrechterhalten: Kinder bringen ihre Medienerfahrungen von zuhause mit in die Kita und verarbeiten sie im Spiel, in der Phantasie und im Gespräch oder wünschen sich Produkte mit Abbildungen ihrer Held*innen. Die Alltagsrelevanz von Medien in der Lebenswelt von Kindern zeigt sich nicht nur in einem wachsenden Medienangebot speziell für Kinder. Auch die mediale Alltagspraxis der Eltern und ggf. auch älteren Geschwister prägt ihre Lebenswelt. So ist es nahezu unvermeidbar, dass Kinder die Mediennutzung enger Bezugspersonen beobachten und nachahmen. Kinder lernen am Modell (Bandura 1989) und beziehen ihre Vorstellung davon, welche Alltagspraktiken normal sind, aus der Beobachtung wichtiger Bezugspersonen und Vorbilder. Der Mediatisierungsprozess, dies sollen die hier angestellten Überlegungen verdeutlichen, erfasst auch die Lebenswelt von Kleinkindern. Dem medienerzieherischen Dialog zwischen Kita und Familie kommt vor diesem Hintergrund eine wichtige Aufgabe zu: die medienbezogenen Aushandlungsprozesse im familiären Alltag unterstützend zu begleiten und ihre bewusste Gestaltung zu fördern. Dies umfasst etwa, dass Fachkräfte Eltern für ihre Vorbildrolle auf wertschätzende Weise sensibilisieren oder diese dabei unterstützen, jene Momente zu identifizieren, in denen sich Unsicherheiten oder Probleme bezüglich der häuslichen Mediennutzung ergeben. Das Anliegen des vierjährigen Praxis- und Forschungsprojekts war es deshalb, auszuloten, wie ein offener und vorurteilsfreier Austausch zwischen Fachkräften und Eltern gelingen kann, um den mit dem Medienwandel einhergehenden Wandel des Alltags so zu gestalten, dass Kinder gesund und sicher aufwachsen können.

2.2 Kinderrechtliche Grundlagen: Medienerziehung zwischen Schutz, Befähigung und Teilhabe

Auch im Bereich der Kinderrechte findet die Mediatisierung der Lebenswelt von Kindern zunehmend Berücksichtigung. So hat der Europarat 2016 mit der sogenannten Sofia-Strategie (Council of Europe 2016) zur Umsetzung der UN-Kinderrechtskonvention (UN-KRK) aus dem Jahr 1989 erstmals dem veränderten Lebensalltag von Kindern durch die Digitalisierung und ihre Folgen Rechnung getragen.

Auf Ebene der Vereinten Nationen wurde seit 2019 in einem konsultativen Prozess, begleitet durch eine weltweite Kinderbeteiligung, eine Allgemeine Bemerkung über die Rechte der Kinder im digitalen Umfeld erarbeitet und im März 2021 verabschiedet. Allgemeine Bemerkungen zur UN-Kinderrechtskonvention sind Äußerungen des UN-Kinderrechteausschusses zu grundsätzlichen Fragen von Auslegung und Verständnis des Kinderrechteabkommens. Mit der 25. Allgemeinen Bemerkung (UN-Ausschuss für die Rechte des Kindes 2021, englisch: General Comment No. 25) wurde erstmals eine Auslegung der gesamten UN-KRK im Hinblick auf das Aufwachsen von Kindern und Jugendlichen in einem von digitalen Medien geprägten Umfeld vorgenommen. Ausgangspunkt für die Überlegungen des Kinderrechteausschusses zur Erarbeitung dieser Allgemeinen Bemerkung war die Veränderung der Lebenswelten von Kindern, Jugendlichen und Erwachsenen, die seit der Verabschiedung der UN-KRK im Jahr 1989 durch die Entwicklung des Internets eingetreten ist. Die Staaten, die die UN-KRK ratifiziert haben, werden durch die Allgemeine Bemerkung dazu verpflichtet, auf die Durchsetzung der Kinderrechte auch in Bezug auf das digitale Umfeld hinzuwirken. Mit dem breitgefächerten Angebot an digitalen Diensten und Plattformen sowie dem Vorhandensein der erforderlichen Netzinfrastruktur und Endgeräte in nahezu jedem Haushalt, in dem Kinder leben (Medienpädagogischer Forschungsverbund Südwest 2021, S. 5), ist ein digitales Umfeld entstanden, das Kinder und Jugendliche in ihrem Aufwachsen maßgeblich prägt und ihnen Chancen für die Verwirklichung ihrer Rechte eröffnet. Gleichzeitig sind die staatlichen Organe ebenso wie Erziehungsverantwortliche vor die Herausforderung gestellt, Schutz, Befähigung und Teilhabe von Kindern in diesem Umfeld gleichermaßen ausgewogen zu verwirklichen. Der Kinderrechteausschuss fordert die Entwicklung und Unterstützung digitaler Kompetenzen und hebt die Bedeutung hervor, die digitale Medien für die sich entwickelnden Fähigkeiten von Kindern und für die Wahrnehmung der gesamten Bandbreite ihrer bürgerlichen, politischen, kulturellen, wirtschaftlichen und sozialen Rechte haben. Das digitale Umfeld ist heute Voraussetzung für die Ausübung des Rechts auf Bildung (Art. 28 UN-KRK) und fördert das für das Wohlbefinden und die Entwicklung von Kindern unverzichtbare Recht auf Kultur, Freizeit und Spiel (Art. 31 UN-KRK). Aus kinderrechtlicher Sicht müssen digitale Medien somit auch in der frühkindlichen Bildung eine Rolle spielen. Gleichzeitig betont die 25. Allgemeine Bemerkung die umfassenden Schutzrechte von Kindern im Sinne eines guten Aufwachsens frei von Gewalt, Ausbeutung und sexuellem Missbrauch. Gerade hier setzen häufig die Bedenken von pädagogischen Fachkräften und Eltern an, die eine Verschärfung bestehender Risiken durch die Nutzung digitaler Medien befürchten. Unter dem in Artikel 3 der UN-KRK verankerten Leitprinzip des Vorrangs des Kindeswohls ist daher eine fundierte Abwägung zu treffen, wie digitale Medien in der Erziehung schon früh dazu beitragen können, Schutz, Befähigung und Teilhabe gleichermaßen zu gewährleisten. Dieser Anspruch und Auftrag muss auch in der Kita wahrgenommen werden. Das bedeutet konkret, auch in der frühkindlichen Bildung den verantwortungsbewussten Umgang mit Medien zu ermöglichen und die souveräne Nutzung zu fördern.

2.3 Bildungspolitische Grundlagen: Die Bildungspläne der Bundesländer

Der frühkindliche Bereich ist zunehmend ein Schwerpunkt der deutschen Bildungspolitik. Die Kultusministerkonferenz der Bundesländer hat 2004 beschlossen, die Bildungsaufgaben für Einrichtungen im Elementarbereich in Bildungsplänen festzulegen. Diese Aufwertung der Kita ist u.a. im Zusammenhang mit den schwachen PISA-Ergebnissen von 2001 zu sehen (Diehm 2018): Der frühkindliche Bereich rückte in den Fokus als ein geeigneter Ort, um sozialen Ungleichheiten bereits vor der Schule zu begegnen. Die Ergebnisse der PISA-Studie haben zudem verdeutlicht, wie unterschiedlich die Bedingungen sind, unter denen Kinder aufwachsen, und von welch weitreichender Bedeutung das Elternhaus und die Familie für die Bildung von Kindern ist. Zwar ist die Kita die erste *Bildungsinstitution* im Leben eines Kindes, doch erweist sich das Elternhaus als der wichtigste *Bildungsort* (BMFSFJ 2016, Autorengruppe Bildungsberichterstattung 2020) in der frühen Kindheit.

Dass eine frühe Medienerziehung nicht nur als Aufgabe der Eltern, sondern auch der Kita gesehen wird, ist im Zusammenhang mit dem sich wandelnden gesellschaftlichen Bild früher Bildung zu sehen. Die Betreuungsquote von Drei- bis Sechsjährigen in Kindertageseinrichtungen liegt bereits seit 2008 über 90% (Statistisches Bundesamt 2021). Der Elementarbereich hat längst nicht nur Fürsorge-Pflichten zu erfüllen, sondern wird zunehmend, politisch sowie gesellschaftlich, als erste Bildungsinstitution betrachtet.[3] So wurden 2004 im neunseitigen „Gemeinsamen[r] Rahmen der Länder für die frühe Bildung in Kindestageseinrichtungen" (JMK/ KMK 2004) die Anforderungen der Politik an die frühkindliche Bildung

3 Dass die frühkindliche Bildung immer stärker in den Fokus der Politik rückt, zeigt auch das 2019 in Kraft getretene „Gute-Kita-Gesetz".

festgeschrieben. Die von den Bundesländern schrittweise eingeführten Bildungspläne[4] sollten den Zielen des gemeinsamen Rahmens entsprechen und somit einen „Abschied von der Unverbindlichkeit" einläuten (Diskowski 2008, S. 50). Gemein ist ihnen das Ziel, Bildungsstandards im frühkindlichen Bereich zu etablieren. Bereits im „Gemeinsamen[r] Rahmen der Länder" umfasst dies auch das Thema Medien: „Was den Umgang mit Medien angeht, gehört zur Medienkompetenz als dem obersten Ziel von Medienbildung auch die Fähigkeit, Medien zweckbestimmt und kreativ zu nutzen und damit eigene Werke zu erstellen."

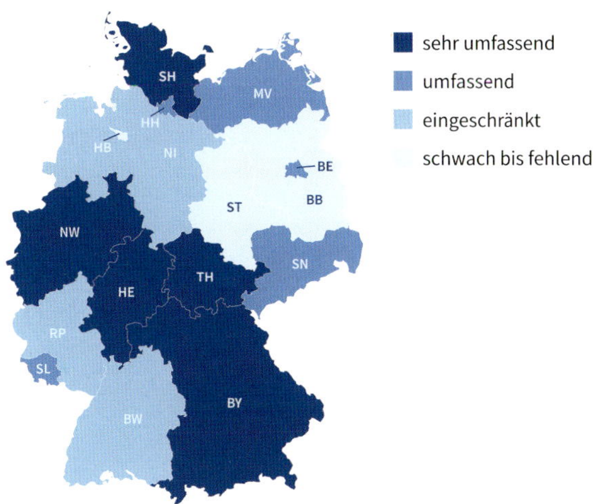

Abb. 2: Intensität der Verankerung medienerzieherischer Inhalte in den Bildungsplänen der Bundesländer (Lienau/ van Roessel 2019b)

In einer umfassenden Analyse aller Bildungspläne[5] haben wir festgestellt, dass die meisten Bundesländer dem „Gemeinsamen[r] Rahmen der Länder für die frühe Bildung in Kindestageseinrichtungen" insofern folgen, als sie Medienerziehung in der frühkindlichen Bildung vorsehen, wenn auch in sehr unterschiedlicher Intensität (siehe Abb. 2). Die inhaltlichen Schwerpunkte und Ansätze divergieren stark. Es konnte gezeigt werden, dass in den meisten Ländern der (politische) Wille, Medienerziehung auch im frühpädagogischen Bereich zu integrieren, vorhanden ist und sich insbesondere die neueren Pläne (seit 2012) ausführlicher mit dem Thema auseinandersetzen. Wenig überraschend (aber dennoch kritisch zu betrachten) stehen dennoch häufig Nutzungs- und Bedienungskompetenzen im Vordergrund. Viele der Pläne bleiben in Bezug auf die in der pädagogischen Arbeit zu vermittelnden Kompetenzen recht allgemein und schlagwortartig. Obwohl das Thema Medien in den Bildungsplänen in den vergangenen Jahren mehr Aufmerksamkeit erfährt, wurde gezeigt, dass der Medienbegriff meist undifferenziert gebraucht wird und insbesondere mobile digitale Medien kaum oder nur randständig behandelt werden. Für viele Bildungspläne kann daher noch der Bedarf einer nuancierten Betrachtung des Bildungsbereichs Digitale Medien attestiert werden – dennoch bieten die meisten Pläne für Kitas eine legitimierende Grundlage, aus der sie ihren medienpädagogischen Auftrag ableiten können.

4 Eine Sammlung findet sich unter www.bildungsserver.de/bildungsplaene-fuer-kitas-2027-de.html

5 Die Methodik der Analyse sowie die detaillierten Erkenntnisse finden sich unter Lienau/ van Roessel 2019b.

2.4 Begriffliche Grundlagen

Die Begriffe Medienerziehung, Medienbildung und Medienkompetenz werden im wissenschaftlichen Diskurs stark diskutiert. Insbesondere die beiden erstgenannten werden teilweise synonym, teilweise jedoch auch abweichend verwendet (vgl. Friedrichs-Liesenkötter 2019).

Mit *Medienerziehung* werden insbesondere bewusste, auf ein medienpädagogisches Ziel ausgerichtete Handlungen gegenüber Kindern beschrieben (vgl. Tulodziecki 1995); sie befasst sich insofern mit der „praktischen pädagogischen Arbeit im Bereich der Medien" (Eder et al. 2013). Die Ausformulierung des angestrebten medienpädagogischen Ziels unterscheidet sich: Die DGfE (Sektion Medienpädagogik, DGfE 2017) beschreibt Medienerziehung als „Anleitung und Unterstützung eines förderlichen, sozial-kommunikativen Medienverhaltens", während Brüggemann et al. (2013) Medienerziehung als „gezielte Förderung eines kompetenten, kritischen, reflektierten, kreativen und verantwortungsvollen Umgangs mit Medien bei den adressierten Kindern" definieren. Tulodziecki (2008) zufolge umfasst der Begriff „alle Aktivitäten und Überlegungen in Erziehung und Bildung [...], die das Ziel haben, ein humanes bzw. verantwortliches Handeln im Zusammenhang mit der Mediennutzung und Mediengestaltung zu entwickeln." Der Begriff der *Medienbildung* ist weniger klar definiert, zielt jedoch tendenziell auf ein Verständnis von Bildung als Prozess ab (Jörissen/ Marotzki 2009; Spanhel 2010, 2011), in dem die Person „sein ganzes Leben hindurch eine kritische Distanz zu den Medien und ihren Weiterentwicklungen aufbaut und eine Verantwortungshaltung gegenüber den Medien und im Umgang mit ihnen einnimmt" (Spanhel 2002, S. 6). Jörissen und Marotzki (2009) beschreiben Medienbildung als Bildung in einer Welt, in der Medien omnipräsent sind (einer „mediatisierten" Welt nach Hepp (2018)), was zu veränderten Selbst- und Weltverhältnissen des Menschen führt.

Medienbildung wird in aktuellen Debatten häufig dem Begriff der *Medienkompetenz* gegenübergestellt (vgl. Spanhel 2011, Tulodziecki 2010, 2011, Schorb 2009, Aufenanger 1999). Letzterer wird insbesondere dafür kritisiert, dem prozesshaften Medienbildungsbegriff eine erwerbbare Medienkompetenz entgegenzustellen, die eher auf einen Zustand verweist und weniger auf Persönlichkeitsbildungsprozesse als auf inhaltliche Wissensbestände und Fähigkeiten eingeht (vgl. Thomann 2015). Umgekehrt beinhalten klassische Medienkompetenzmodelle wie das von Baacke (2007) auch kritisch-analytische, reflexive oder ethische Elemente (Rosebrock/ Zitzelsberger 2002), entsprechen also keinem „funktionaltechnologische[n] Kompetenzverständnis" (Tulodziecki 2011, S. 22).

Im Rahmen dieses Projekts arbeiten wir aus verschiedenen Gründen mit dem Begriff der Medienerziehung (und – für den pädagogischen Kontext – auch mit dem Begriff der Medienpädagogik). Zum einen ist er klarer definiert als der Begriff der Medienbildung (Eder et al. 2013; Friedrichs-Liesenkötter 2019). Auch gewinnt der Bildungsbegriff in vielen Quellen erst ab Schulbeginn an Relevanz (etwa bei Simanowski (2018) oder in der KMK-Strategie „Bildung in der digitalen Welt" (2017)), wenngleich er auch in Bezug auf den frühkindlichen Bereich gebraucht wird (etwa in dem GMK-Positionspapier (Eder et al. 2017)). Dies ist jedoch auch vor dem Hintergrund zu sehen, dass der Fokus des Positionspapiers auf einer Verankerung „entlang der gesamten Bildungskette" liegt und der Erziehungsbegriff zu diesem Zweck ungeeignet erscheint (vgl. Tulodziecki 2008). In Bezug auf die gemeinsame Aufgabe von Kita und Familie wird jedoch auch im GMK-Papier von „Medienerziehung" gesprochen (auch in anderen Quellen ist im familiären Kontext eher von Medienerziehung die Rede, etwa Wagner et al. 2013; Eggert/Wagner 2016). Aufgrund der spezifischen Ausrichtung des Projekts „Medienerziehung im Dialog" auf die Handlungen von pädagogischen Fachkräften in Zusammenarbeit mit Eltern wird entsprechend der Medienerziehungsbegriff verwendet. Dieser betont, wie oben ausgeführt, in besonderem Maße die Zielgerichtetheit dieser Handlungen. Dieses Ziel wird hier im Sinne einer kindgerechten Medienerziehung definiert, welche sowohl dem Recht des Kindes auf Bildung und auf Zugang zu Medien als auch dem gemeinsamen Bildungsauftrag von Kita und Familie entspricht. Dabei wird Erziehung hier in Anlehnung an Tulodziecki (2008) nicht im engen Sinne einer normativen Einwirkung verstanden, sondern „im Sinne der Anregung und Unterstützung eines selbstbestimmten und eigenverantwortlichen Handelns" (ebd., S. 110). Die Verwendung des Erziehungsbegriffs knüpft dabei ebenso an Art. 5 der UN-Kinderrechtskonvention an, der das Elternrecht definiert, „das Kind bei der Ausübung der in diesem Übereinkommen anerkannten Rechte in einer seiner Entwicklung entsprechenden Weise angemessen zu leiten und zu führen", wie auch an Art. 28 „Recht auf Bildung" und Art. 29 „Bildungsziele".

2.5 Konzeptuelle Grundlagen: Die Vermittlung von Medienkompetenzen in der frühkindlichen Bildung

Ein wesentliches Ziel von Medienerziehung ist die Vermittlung von Medienkompetenzen, die einen selbstbestimmten und souveränen Umgang mit Medien ermöglichen. In den Bildungs- und Erziehungsplänen der Länder wird allerdings nur selten definiert, was unter Medienkompetenzen zu verstehen ist. Auch die Ziele medienerzieherischer Arbeit in der Kita werden häufig nicht klar festgelegt (Lienau/ van Roessel 2019b). Es bedarf folglich einer genaueren Bestimmung dessen, was unter Medienkompetenzen zu verstehen ist. Dafür lässt sich zunächst an Dieter Baackes bis heute einflussreiches Medienkompetenzmodell anknüpfen (2007). Baacke unterscheidet die vier Kompetenzbereiche Medienkritik, Medienkunde, Mediennutzung und Mediengestaltung. Während sich „Medienkritik" im weitesten Sinne auf einen kritisch-reflexiven Umgang mit Medien und Medieninhalten bezieht, beschreibt der Begriff der „Medienkunde" neben dem Wissen über Medien und heutige Mediensysteme auch die Fähigkeit, Medien bedienen zu können. Die Dimension der Mediennutzung umfasst sowohl rezeptive als auch interaktive Mediennutzungskompe-

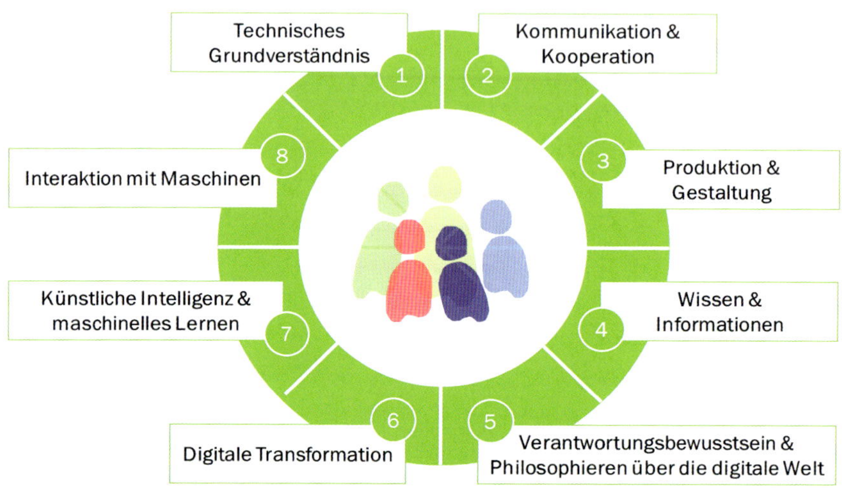

Abb. 3: Didaktisches Modell digitaler Bildung in der Elementarpädagogik nach Grassmann et al. (2021).

tenzen. Der letzte Kompetenzbereich, die „Mediengestaltung", bezieht sich hauptsächlich auf die aktive, produktive und kreative Mediennutzung.

Für die Elementarpädagogik sind inzwischen genauere Modelle entstanden, die sich an den spezifischen Fähigkeiten der Altersgruppe und den aktuellen medialen Entwicklungen orientieren. Der auf dem KMK-Rahmen aufbauende Kompetenzrahmen von Reichert-Garschhammer (2019) unterscheidet die folgenden digitalen Basiskompetenzen, die Kinder bereits im Elementarbereich erwerben können: Suchen, Verarbeiten und Aufbewahren; Kommunizieren und Kooperieren; Produzieren und Präsentieren; Schützen und sicher Agieren; Problemlösen und Handeln. Kinder sollen Medien nicht nur zweckbestimmt, lösungsorientiert und kreativ-gestalterisch nutzen können, sondern auch einen reflektiert-kontrollierten Umgang mit Medien erlernen. Ein weiteres Modell, das speziell für den Bereich der Elementarpädagogik entwickelt wurde, stammt von Grassmann et al. (2021). Aufbauend auf bereits bestehenden Kompetenzmodellen präsentieren sie ein achtstufiges Modell zur digitalen Bildung in der Elementarpädagogik, das von der Vermittlung technischer Grundkenntnisse bis hin zur Aneignung niedrigschwelliger Programmierfähigkeiten reicht (siehe Abb. 3). Kinder sollen die Funktionsweisen von Medien verstehen und erlernen, wie man diese nutzt, um zu kommunizieren, Informationen zu recherchieren und eigene kreative Werke zu produzieren. Das Modell geht davon aus, dass „ein Kind unterschiedliche Aspekte der Digitalisierung kennenlernen [muss], um sie zu verstehen." (ebd., S. 3)

Ergänzend zu den hier umrissenen Kompetenzmodellen wurden auf Basis der Recherchen, Analysen und Erhebungen aus dem ersten Projektjahr folgende konzeptuelle Grundsätze einer gelingenden frühkindlichen Medienerziehung im „Grünbuch" festgehalten (Lienau/ van Roessel 2019a, hier in leicht abgewandelter und gekürzter Form):

Grundsätze einer gelingenden frühen Medienerziehung

- Medienerziehung wird als Querschnittsaufgabe verstanden.
- Die Nutzung digitaler Geräte durch Kinder wird von pädagogischen Fachkräften begleitet.
- Medien werden genutzt, um die Interaktion zwischen Kind und Fachkraft zu fördern und um als Sprachanlass zu dienen.
- Die medienpädagogische Arbeit dient einem konkreten pädagogischen Ziel, welches die pädagogischen Fachkräfte im Blick haben.
- Medien werden – zumindest auch – als Werkzeuge verstanden (anstelle etwa eines rein konsumorientierten Blicks auf Medien).
- Medienerzieherische Inhalte werden situativ aufgegriffen.
- Medien werden sinnvoll und selbstverständlich in den Alltag integriert und nicht etwa zu Belohnungszwecken eingesetzt.
- Analoge und medial vermittelte, ggf. digitale Inhalte werden miteinander kombiniert.
- Medienerziehung wird mit anderen pädagogischen Schwerpunkten der Einrichtung kombiniert und ist gut in die pädagogische Arbeit der Einrichtung eingebunden.
- Die medienpädagogischen Inhalte entsprechen dem Entwicklungsstand des Kindes/ der Kinder.
- Die medienpädagogischen Inhalte sind an den Kompetenzen der Kinder ausgerichtet.
- Medien werden genutzt, um (digitalen) Ungleichheiten entgegenzuwirken.
- Das medienpädagogische Angebot ist divers und kreativ; die Fachkräfte sind experimentierfreudig.
- Die medienpädagogischen Inhalte fußen auf einem tiefergehenden Verständnis der Funktionsweise von Medien.
- Die Auswirkungen von Mediennutzung auf die Entwicklung von Kindern und die Rolle der Medien in der Gesellschaft werden differenziert betrachtet.

3. Die Lernende Kita

Die Feldphase mit zehn Projektkitas zeigt deutlich: Damit Fachkräfte in der Lage sind, mit Eltern in einen medienerzieherischen Dialog zu treten, sich kompetent zu fühlen und sicher aufzutreten, bedarf es einer vorherigen Auseinandersetzung mit dem Thema innerhalb der Einrichtung. In diesem Kapitel zeigen wir, wie Kitas sich dem herausfordernden Thema Medienpädagogik gegenüber öffnen und dieses nachhaltig in ihren Alltag integrieren, aber auch flexibel auf die sich ändernden Lebenswelten von Kindern und Familien reagieren können.

Das hier skizzierte Konzept der Lernenden Kita dient der Strukturierung der im Projekt identifizierten Gelingensbedingungen, die eine Verankerung von Medienerziehung im Kita-Alltag unterstützen. Das Konzept lehnt sich an den Begriff der *Lernenden Organisation* an, der von dem MIT-Wissenschaftler Peter Senge stammt. In seinem 1990 erschienenen Buch „Die fünfte Disziplin" beschäftigt er sich mit der Lernfähigkeit von Organisationen, die sich angesichts komplexer Umweltveränderungen vor der Herausforderung sehen, anpassungsfähig zu bleiben. Er formuliert darin fünf „Disziplinen", die eine lernende Organisation ausmachen. Noch 30 Jahre später findet sein Konzept nicht nur im wirtschaftlichen, sondern auch im Nonprofit- und im Bildungsbereich Anwendung. Wir haben es auf den Bereich der Kitas übertragen und an die besonderen Bedingungen der frühen Bildung angepasst. Mit dem Konzept der Lernenden Kita zeigen wir auf, wie Kitas Rahmenbedingen setzen können, die gemeinsames Lernen ermöglichen und Medienerziehung somit nachhaltig verankert werden kann. Zudem soll das Konzept zeigen, wie Kitas auf die medialen Veränderungen des Alltags reagieren und diese Veränderungen – in der pädagogischen Arbeit mit den Kindern und im Austausch mit den Familien – aktiv mitgestalten können (Abb. 4)

Abb. 4: Die Kita im Spannungsfeld gesellschaftlicher Wandlungsprozesse

In diesem Kapitel zeigen wir, wie Kitas das Lernen selbst in ihrem Alltag verankern und so neuen Entwicklungen offen gegenübertreten können. Anhand der Daten aus den Projektkitas zeigen wir, dass Kitas, die es geschafft haben, Medienerziehung zu einem festen Bestandteil ihrer pädagogischen Arbeit zu machen, ihren Erfolg nicht in erster Linie ihrer technischen Ausstattung verdanken. Lernende Kitas zeichnen sich, wie wir im Folgenden zeigen werden, in erster Linie durch ihre Organisationskultur aus, welche die Bedingungen schafft, gemeinsam zu lernen und sowohl innerhalb der Kita als auch mit den Eltern in einen Dialog zu treten, sich gemeinsame Ziele zu setzen und Wissen nachhaltig zu verankern.

In Kitas sind viele verschiedene Personen beschäftigt, die in unterschiedlicher Beziehung zueinander stehen und miteinander interagieren. Sie sind unterschiedlich organisiert: Manche setzen auf die Arbeit in Fachteams, andere haben einzelne Fachkräfte, die mit bestimmten Aufgabenbereichen betraut sind, wieder andere verteilen die Aufgaben gleichmäßig im Team. Im Rahmen des Projekts hat sich ein Organisationsmodell besonders bewährt, um Medienpädagogik nachhaltig in einer Kita zu verankern (siehe Abb. 5). Gemäß diesem Modell wird das gesamte Team in den Verankerungs- und Lernprozess einbezogen – die Umsetzung von Medienerziehung liegt also nicht in der Hand einer oder weniger Fachkräfte, sondern wird als Teamaufgabe verstanden. Dennoch gibt es mehrere Fachkräfte, die eine entsprechende Spezialisierung vornehmen und als Fachteam bzw. Multiplikator*innen für das Thema tätig sind. Dieses Fachteam ist für die Vorbereitung und inhaltliche Ausarbeitung des Themenbereichs zuständig und trägt das Thema in die Breite des Teams. Die Mitglieder des Fachteams dienen ihren Kolleg*innen als kompetente Ansprechpartner*innen, die unterstützend tätig sind. Das Fachteam muss einerseits auf die Unterstützung der Leitung zählen können und ist andererseits eine Schlüsselstelle zwischen der Leitungsebene und dem Gesamtteam. Im Fachteam treten unterschiedliche Fachkräfte in den Austausch und können sich Aufgaben aufteilen, gegenseitig inspirieren und Probleme und Herausforderungen gemeinsam angehen.

Das Modell liegt den folgenden Kapiteln als Basis zugrunde und wird an verschiedenen Stellen weiter ausdifferenziert. Es erklärt, wie die unterschiedlichen Ebenen und Akteur*innen einer Lernenden Kita idealerweise zusammenwirken, und wird in Kapitel 3.5 weiter spezifiziert. Wir haben das Kapitel in vier Säulen gegliedert, die einen Rahmen für die identifizierten Gelingensbedingungen bieten:

Leitung
Rahmenbedingungen setzen, Kommunikation mit dem Träger

Fachteam/ Multiplikator*innen
Inhaltliche Ausarbeitung, Planung und Umsetzung

Team
Offenheit, gegenseitige Wertschätzung und Vertrauen, teilw. praktische Umsetzung / Dialog mit Eltern

Abb. 5: Idealtypische Beschreibung der Aufgabenbereiche von Leitung, medienpädagogischem Fachteam und Gesamtteam.

1. Lernen als Individuum

Wie können sich Fachkräfte ein neues Thema aneignen, „sprechsicher" werden und welche Faktoren sorgen für eine anhaltende Motivation?

2. Lernen im Team

Wie entwickeln Teams ein gemeinsames Verständnis von ihren medienpädagogischen Zielen und wie führen sie einen offenen und wertschätzenden Dialog zu dem oftmals schwierigen Thema Mediennutzung in der Kita?

3. Lernen ermöglichen: Leitung, Struktur und Organisation

Welche Strukturen eignen sich besonders, um Medienerziehung nachhaltig im Kita-Alltag zu verankern, welche Rolle hat die Leitung und wie kann man Verantwortlichkeiten gut verteilen, um Rahmenbedingungen zu schaffen, die Veränderungen der alltäglichen Praxis ermöglichen?

4. Lernen im Kontext

Welche Bedeutung haben die Vernetzung und Kooperationen mit (lokalen) Partnern für eine nachhaltige Verankerung von Medienpädagogik?

3.1 Lernen als Individuum

3.1.1 Motivation und das Streben nach persönlichem Wachstum

Oftmals beginnt der Weg hin zur Medien-Kita mit dem besonderen Engagement von Einzelpersonen. Ob durch die Leitung oder eine Fachkraft: Die meisten der Projektkitas fingen an, sich mit dem Thema zu beschäftigen, weil es Teammitglieder gab, die sich besonders dafür begeisterten – weil sie selbst medienaffin sind oder weil sie beobachtet haben, wie wichtig digitale Medien im Alltag von Kindern bereits sind. Diese ursprüngliche Motivation war gewissermaßen der Initialfunke, der dafür sorgte, dass die Fachkräfte trotz des stressigen Kita-Alltags begonnen haben, sich mit dem Thema näher auseinanderzusetzen und es schließlich auch in die Einrichtung zu tragen. Dabei waren die Gründe unterschiedlich, die bei den Fachkräften und Leitungen dazu geführt haben, sich näher mit dem Thema zu befassen.

Eine Leitung beschreibt ihre anfänglichen Überlegungen folgendermaßen:

> *„Ich dachte, oh Gott, wir müssen uns jetzt mit dem Thema näher auseinandersetzen. Entweder kamen Mitarbeiter, die sagten: Die Mutter hat nur das Handy am Ohr, wenn sie ihr Kind abholt, wie gehe ich denn damit um. Oder die vielen Fragestellungen der Eltern: wie lange Fernsehen, ab wann Handy, Handy schon in der Schultüte oder, oder … das betraf ja beide Seiten, Eltern als auch Mitarbeiter. Welcher Umgang ist eigentlich der richtige? Es begegnete einem ja überall."*

Viele der Projektkitas haben bereits in ihren Bewerbungsschreiben für die Teilnahme am Projekt geäußert, dass sie das Bedürfnis verspüren, sowohl die Kinder als auch die Eltern in Bezug auf die Mediennutzung zu unterstützen. Eine Leitung argumentiert etwa, dass Medienkompetenzen „eine wichtige Voraussetzung für die aktive Teilnahme an unserer Informationsgesellschaft" sind. Sie möchte die Kinder dazu befähigen, „die vielfältige Medienwelt bewusst und kreativ zu nutzen", „weg vom passiven Medienkonsum – hin zu einer selbstbestimmten Mediennutzung". Aufzuzeigen, dass digitale Medien für viele unterschiedliche Zwecke genutzt werden können, war für viele Kitas ein wesentlicher Faktor. Eine andere Kita schreibt in ihrem Bewerbungsschreiben: „Das pädagogische Ziel im Kontext digitale Medien ist klar. Digitale Medien sind für uns Werkzeuge und sollen die pädagogische Bildungsarbeit unterstützen. Nicht andersherum." Eine andere Leitung schreibt: „Unser Ziel ist es, den Kindern bewusst organisierte Zugänge zu verschiedenen Medien zu ermöglichen. Sie sollen von klein auf lernen, mit Medien eigenverantwortlich umzugehen." Auch auf die Fragen der Eltern kompetent reagieren zu können, ist vielen Projektkitas ein Anliegen. Sie schreiben etwa, dass sie den Eltern „Unterstützung, Orientierung und Sicherheit geben" möchten, oder auch „den Eltern wertvolle Partner sein" wollen.

In allen zehn Projektkitas gab es hochmotivierte Mitarbeitende, deren Begeisterung für das Thema Medienpädagogik eine enorme Zugkraft für den Rest des Teams entwickelt hat. Diese Fachkräfte oder Leitungen haben häufig Schlüsselpositionen eingenommen: Sie haben Konzepte geschrieben, Bestelllisten angefertigt, Gespräche mit Eltern geführt, Teamtage organisiert und Projekte geplant. Viele dieser Fachkräfte äußerten, dass für sie die größte Motivation war, die Begeisterung der Kinder zu sehen, wenn mit digitalen Medien gearbeitet wurde:

> *„Es sind kleine Sachen, die so schön waren. Ein aufgedrehtes Kind hat das Tablet genutzt, um sich zwischendurch mit einem Sprachspiel zurückzuziehen. Ein anderes Kind wurde zum Sprechen angeregt, indem wir Gegenstände über das Tablet zum Leben erweckt haben. Gerade in der Sprachentwicklung hat das ganz viel geholfen. Solche Momente haben mir gezeigt, dass es sich lohnt und dass es gut ist, was ich mache. Und die Kinder hatten Erfolgserlebnisse, sie konnten zeigen, dass sie vieles ganz schnell hinkriegen."*

Eine andere Kita hatte besondere Aha-Momente mit Kindern, als sie gemeinsam mit digitalen Medien ihre Umwelt erkundet haben: „Wir sehen eine Pfütze, wenn wir spazieren gehen, aber es ist natürlich nochmal was ganz anderes, wenn man mit einer Kamera in die Pfütze schaut und sieht, was da eigentlich alles drin ist. Ich glaube, das ist es, was alle am Ende catcht." Und noch eine andere Fachkraft formuliert es so: „Es ist wirklich *das* Thema, wenn man es lebt. Für mich ist das Thema sowieso präsent: zu Hause und bei der Arbeit. Und es sind die Kinder, die von sich aus schon mit Ideen kommen, wo ich mir denke: Ja, machen wir!" Und wieder ein anderer Erzieher sagt: „Die Kinder waren interessiert, die wollten selber entdecken und forschen, was passiert, wenn ich den Knopf drücke. Ich muss zugeben, das hat mich innerlich so berührt, dass ich weitermachen will." Doch nicht nur junge, medienaffine Kolleg*innen können für die Arbeit mit digitalen Medien begeistert werden. Ein Erzieher resümiert:

> *„Es braucht viel Zeit, alte Gewohnheiten zu überwinden, aber auch die älteren Kolleginnen hatten oftmals den Ehrgeiz, es zu lernen und waren letztlich begeistert. Die haben sich ganz oldschool hingesetzt und auf ein Blatt Papier geschrieben, wie es funktioniert, und es immer wieder versucht."*

Die Bereitschaft, die eigene Arbeit immer wieder zu überdenken, sich mit neuen Themengebieten vertraut zu machen und alte Gewohnheiten in Frage zu stellen, kann auch als Streben nach persönlichem Wachstum verstanden werden (vgl. Senge 2003). Wie sehr die Mitarbeitenden einer Kita diese Bereitschaft mitbringen, ist natürlich vor allem von der eigenen Haltung abhängig – aber nicht nur. Im weiteren Verlauf des Buches legen wir dar, welche Faktoren ausschlaggebend dafür waren, dass Mitarbeitende motiviert wurden, sich mit neuen Themengebieten auseinanderzusetzen und darüber „persönliches Wachstum" zu erfahren.

3.1.2 Wertschätzung ist wichtig!

Ein weiterer Faktor, der insbesondere auf individueller Ebene ins Gewicht fällt, ist die Wertschätzung im Team. Wie sich in nahezu allen Interviews zeigte, steht und fällt die Motivation vieler Fachkräfte mit der Wertschätzung der eigenen Arbeit durch die Leitung und das Team. Wie motivierend es sein kann, im Kollegium Anerkennung zu erfahren, drückt eine Fachkraft folgendermaßen aus:

> *„Ich hab gemerkt, es ist wirklich schön, dass man gehört wird. Dass man was Neues reinbringt und es wächst, es wird erarbeitet, das Team hat Lust und man kommt voran. Da fühlte ich mich richtig wohl."*

Ein anderer Erzieher sagt: „Stärken und Kompetenzen, die jeder Einzelne hat, werden bei uns total wertgeschätzt und das erfüllt einen natürlich auch mit Stolz."

Kontrastierend zeigt die Erfahrung einer anderen Fachkraft, dass fehlende Wertschätzung und Unterstützung auch nicht durch eine hohe persönliche Motivation ausgeglichen werden kann. Die Fachkraft war vom Thema Medienpädagogik begeistert: „Das Thema lässt mich nicht mehr los, das habe ich so extrem noch bei keinem anderen Thema gehabt – ich hab noch nie so 'ne Motivation erlebt bei mir". Jedoch stößt sie nach einem Leitungswechsel auf viele Widerstände – sie sagt: „Die Wertschätzung ist gleich null." Fehlende Unterstützung und mangelnde Anerkennung sorgten dafür, dass sie die Lust an der Arbeit verlor und schließlich die Kita wechselte. In der neuen Kita werde sie hingegen für ihre Kenntnisse und Fähigkeiten geschätzt: „Ich weiß definitiv: In der neuen Kita läuft das jetzt anders – da werd ich jetzt schon ständig gefragt: oh, kannste mal hier, kannste mal da. Und die freuen sich auch alle schon. Ich freu mich halt wirklich dort wieder anzufangen: mit dem Team, mit den Kindern, mit den Eltern. Also eigentlich das, was ich jetzt schon gemacht habe, aber natürlich mit sehr viel mehr Unterstützung." Welche zentrale Rolle eine Kultur der Wertschätzung bei der Verankerung von Medienerziehung spielt, wird auch an späterer Stelle (Kapitel 3.2) ausgeführt, wo es um die Bedeutung eines nachhaltigen Wissensmanagements in der Kita geht.

3.1.3 Wiederholung und Wandel – ein Gegensatz?

Bereits oben (Kapitel 3.1.1) sind wir auf die älteren Fachkräfte aus einer Kita eingegangen, die mit einer handschriftlichen Anleitung immer wieder bestimmte Abläufe am Tablet wiederholt und geübt haben, bis sie sich sicher fühlten. Dass Wiederholung eine zentrale Praxis ist, um den individuellen Lernprozess voranzutreiben, haben jedoch auch andere Fachkräfte für sich erkannt. Besonders eindrücklich ist diese Schilderung:

„Mit jedem kleinen Miniprojekt wurde es besser. Ich war am Anfang so nervös am Telefon mit den Eltern, ich musste mir da wirklich einen Zettel mit Fragen und Punkten danebenlegen. Und wenn ich mich jetzt angucke, ist das ganz anders. Wie ich vor den Eltern stehe und das rüberbringe. Das hat sich im Laufe der Zeit entwickelt. Bestimmte Punkte ist man immer wieder im Kopf durchgegangen, ich habe so viele Einzeldiskussionen geführt. Die Frage „Was lernt das Kind dabei?" könnte ich im Schlaf noch beantworten. Das „Wieso, weshalb, warum" habe ich immer wieder abgespult."

Die durch Wiederholung erworbene Expertise und Souveränität dieser Fachkraft führt zu Erfolgserlebnissen, die sie als motivierend erlebt. So berichtet sie von einem Elternabend: „Eine Mutter meinte ‚Das ist dein Thema, oder? Du bringst das so rüber, voller Elan und Motivation!' Das fand ich richtig schön. Die hat gemerkt, mit wie viel Herzblut ich das mache." Und auch in anderen Bereichen des Kita-Alltags hat sie immer besser erkannt, wo die technischen Geräte gut und sinnvoll eingesetzt werden können: „Ich konnte dann auch einschätzen, wie man andere Prozesse vereinfachen kann."

Aus den Erfahrungen lässt sich schließen, dass in Kitas genügend Zeit und Raum für die Rekapitulation des Gelernten eingeplant werden sollte, damit ein umfassender Lernprozess bei den Fachkräften stattfinden kann, der mit einem Gefühl von Sicherheit und Souveränität einhergeht. Dieser Punkt sollte auch bei der Planung von Aus-, Fort- und Weiterbildungsangeboten bedacht werden.

Lernen als Individuum. Das Kapitel in Kürze

Es gibt Fachkräfte, die bereits eine hohe Motivation mitbringen, sich mit der Bedeutung digitaler Medien im Leben von Kindern auseinandersetzen – zum Beispiel weil sie selbst sehr medienaffin sind. Doch auch unsichere oder ängstliche Fachkräfte können sich dem Thema annähern: Dabei hilft es besonders, bestimmte Abläufe immer wieder zu wiederholen, bis man sich sicherer fühlt. Das Streben nach „persönlichem Wachstum" und der Weiterentwicklung der eigenen Fähigkeiten wird wesentlich dadurch gefördert, wenn es im Team und von der Leitung mit Wertschätzung, Anerkennung und Unterstützung belohnt wird. Hingegen kann fehlender Beistand aus dem Kollegium auch durch ein hohes persönliches Engagement der medienpädagogischen Fachkraft nicht langfristig ausgeglichen werden.

3.2 Lernen im Team

3.2.1 Medienerziehung ist Teamwork!

Bereits im vorangegangenen Kapitel haben wir geschildert, dass einzelne Fachkräfte mit dem Thema Medienpädagogik nicht alleine gelassen werden sollten. Es ist keine unübliche Praxis, dass neue Bildungsbereiche zunächst einer einzelnen Fachkraft zugeordnet werden, die dann an entsprechenden Fort- und Weiterbildungsangeboten teilnimmt. Häufig besteht die Befürchtung, dass ein Großteil des Teams ohnehin kein Interesse daran hat, sich näher mit dem Bildungsbereich Digitale Medien zu befassen. In diesem Kapitel möchten wir Impulse aufzeigen, wie auch Fachkräfte mit anfänglich skeptischen und ablehnenden Haltungen bzw. Berührungsängsten einbezogen werden können. Wir legen dar, dass die Art und Weise, wie Teams miteinander kommunizieren, ganz wesentlich zu einer guten und umfassenden Verankerung von Medienerziehung beiträgt. Aus der Forschung ist gut belegt, dass die Umsetzung von Medienpädagogik eine Frage der Haltung von pädagogischen Fachkräften ist (Schubert et al. 2018a, Friedrichs-Liesenkötter 2018, Lubitz und Witting 2018, Six und Gimmler 2007). Unklar ist jedoch, wie Haltungen nicht nur als bestehend hingenommen, sondern hinterfragt, ausdifferenziert und weiterentwickelt werden können. Wie dies durch einen gemeinsamen Diskurs und Lernprozess im Team gelingen kann, möchten wir im Folgenden aufzeigen.

In Bezug auf die Arbeit im Team sind zwei Ziele zu unterscheiden, die gleichermaßen bedeutsam sind: Die Einbeziehung des Gesamtteams und die Zuständigkeit eines medienpädagogischen Fachteams (anstelle von Einzelpersonen) für die Verankerung des Bildungsbereichs Medienpädagogik.

Zu Ersterem ist anzumerken, dass die Einbeziehung des gesamten Teams nicht bedeuten muss, dass alle Fachkräfte gleichermaßen medienpädagogisch tätig sind. Mit dem Gesamtteam in den Dialog zu gehen, zielt zunächst darauf ab, ein gemeinsames Verständnis des Bildungsbereichs zu entwickeln, Vorbehalte abzubauen und Grundkenntnisse zu erwerben. So berichtete eine Medienpädagogik-Dozentin in der Erzieher*innenausbildung, wie kritische Stimmen von Kolleg*innen den Stellenwert des Fachs stark beeinflussen würden. Durch pauschale und undifferenzierte Aussagen wie „Ich bau hier doch nicht die Rutsche ab, damit die Kinder Ballerspiele spielen" würden sie den Bildungsbereich stark herabwürdigen. Entsprechend kann die Verankerung von Medienerziehung in einer Kita stark dadurch erschwert werden, wenn mehrere Teammitglieder dem Thema sehr ablehnend gegenüberstehen (Lienau/ van Roessel 2019a).

Davon zu unterscheiden das zweite Ziel: Es sollten nicht nur Einzelpersonen schwerpunktmäßig mit dem Bildungsbereich Medienpädagogik betraut werden, vielmehr sollte in Fachteams gearbeitet werden (siehe Kapitel 3.3.2). Den Bereich nur auf die Schultern von ein oder zwei Fachkräften zu verteilen, hat sich in den Projektkitas nicht als nachhaltige Vorgehensweise herausgestellt. Eine Leitung berichtet von der Herausforderung, das

„Wissen in Haus zu behalten". In der Vergangenheit gab es in der Einrichtung sogenannte „Fachfrauen" zu bestimmten Themen. Die Leitung beschreibt den Schock, den sie hatte, als das System vor ein paar Jahren an seine Grenzen geriet: „2016/2017 sind drei, vier Mitarbeiter in Rente gegangen, die hier dreißig Jahre lang gearbeitet haben. Ich habe mir gedacht, ach du meine Güte, das ganze Fachwissen ist weg."

Doch auch abseits solcher Personalwechsel ist es sinnvoll, Medienerziehung zur Teamsache zu machen: etwa um Aufgaben zu verteilen und gemeinsam neue Ideen zu entwickeln. Dies wird besonders am Beispiel einer Projektkita deutlich, in der eine Fachkraft ca. zehn Jahre lang eine Medien-AG durchführte, an der die Vorschulkinder einmal wöchentlich teilnahmen. Das System hatte sich bewährt, war jedoch durch örtliche und zeitliche Begrenzung eingeschränkt: Die AG blieb für die Kinder eine Ausnahmesituation – im Kita-Alltag kamen die digitalen Geräte nicht weiter vor. Im Rahmen des Projekts „Medienerziehung im Dialog" begann auch eine zweite Kollegin, sich näher mit dem Thema zu beschäftigen. Als der Träger eine Überarbeitung des Konzepts anforderte, stellten sie gemeinsam den Themenbereich neu auf. Sie ließen den Raum in eine offene Werkstatt umbauen, änderten die inhaltlichen Schwerpunkte und planen nun, auch den Rest des Teams einzubeziehen und Tablets in allen Gruppen zu verteilen. Die Fachkraft zeigt sich über die Zusammenarbeit mit der Kollegin begeistert: „Wir haben uns gesucht und gefunden!"

Auch den umgekehrten Fall konnten wir beobachten: In einer der Projektkitas waren lange Zeit ein eingespieltes Zweierteam aus Leitung und medienpädagogisch ausgebildeter Fachkraft für den Bildungsbereich verantwortlich. Mit dem Wechsel der Leitung war die Erzieherin plötzlich alleine mit dem Thema. Die neue Übergangsleitung bot ihr keine Unterstützung und zeigte kein Interesse an medienpädagogischen Inhalten: Der Bildungsbereich kam zum Erliegen.

Während die Arbeit von Fachteams unter Punkt 3.2.2 näher erläutert wird, beziehen sich die folgenden Ausführungen auf die Einbeziehung des Gesamtteams. Wir zeigen auf, wie es auch in sehr heterogenen Teams gelingen kann, Ängste abzubauen und in einen offenen Austausch zu gehen.

3.2.2 Der Dialog als gemeinsamer Denk- und Lernprozess

„Neue Ideen auf den Weg zu bringen ist immer mit Herausforderungen und mit Unsicherheiten und Ängsten verbunden. Ich habe in den 20 Jahren noch nie erlebt, dass jemand gesagt hat „Ja, gut, dass du das Thema endlich reinbringst!". Das ist mir noch nie untergekommen."

Dass neue Ideen und Veränderungen im Arbeitsalltag zunächst auch auf Widerstand stoßen, ist nicht nur beim Thema Digitale Medien der Fall, wie diese Leitung feststellt. Die Projektkitas, denen es gelungen ist, den Bildungsbereich Medienpädagogik im gesamten

Team zu verankern, zeichnen sich vor allem durch ihre Gesprächs- und Teamkultur aus: Sie haben Räume geschaffen, in denen sich die Fachkräfte offen und ohne Angst, beurteilt zu werden, über das Thema austauschen und Berührungsängste abbauen konnten.

Für den Dialog innerhalb der Kita aber auch zwischen Kita und Familie lassen sich demgemäß zwei Formen der Kommunikation unterscheiden. Während der Dialog eher einem gemeinsamen Denk- und Lernprozess gleichkommt, über den man zu neuen Erkenntnissen gelangt, geht es bei Diskussion oft nur um das Verfechten der Standpunkte (Bohm 1996). Hieraus lässt sich ableiten, dass es beim Dialog über Medienerziehung nicht darum gehen sollte, Kolleg*innen oder auch Eltern von dem eigenen Standpunkt zu überzeugen, sondern sich dem Thema gemeinsam anzunähern und auch die eigenen Standpunkte zu hinterfragen. Im Folgenden möchten wir aufzeigen, wie es die Projektkitas geschafft haben, innerhalb der Kita in einen offenen und vorurteilsfreien Austausch zu treten.

3.2.3 Ängste, Sorgen und Unsicherheiten besser verstehen

> *„Ich hab eine Powerpoint vorbereitet mit mehreren Projekten, was man digital machen könnte. Die haben wir dann gezeigt, das hat vielen sehr gut gefallen. Die Hälfte war begeistert, aber die andere Hälfte war nicht mutig genug. Da kamen so Sachen wie: ‚Ich kann das nicht, ich will das nicht, wir haben doch andere Schwerpunkte.' Also da kamen tausende von Ausreden."*

So berichtet eine Fachkraft, wie es ihr anfangs schwer fiel, ihr ganzes Team von dem neuen Bildungsbereich zu überzeugen. Ablehnende Haltungen von Fachkräften können unterschiedliche Gründe haben. In vielen Projektkitas bestand die Herausforderung zunächst darin, zu verstehen, mit welchen Ängsten und Sorgen das Thema bei den Teammitgliedern verbunden war.

Mehrere Kitas berichten, dass die Angst bestand, die eigenen Medienkompetenzen könnten nicht ausreichen, um mit Kindern medienpädagogisch zu arbeiten. Eine Leitung resümiert:

> *„Wir haben etliche ältere Kollegen, die Berührungsängste mit solcher Technik haben, die sie von zu Hause auch gar nicht kennen, damit auch nicht groß geworden sind und die immer auch Angst haben, ich kann was falsch machen, ich kann was kaputt machen und sich daher eher zurückziehen."*

Diese Ängste sind nicht immer altersabhängig, wie eine Fachkraft aus einer anderen Kita beschreibt: „Wir haben viele junge Kollegen, bei denen ich dachte, die sind gleich Feuer und Flamme. Aber ich hab' gemerkt, die kennen sich mit dem Laptop und so auch nicht so aus. Die hatten auch Vorbehalte dagegen." Eine Fachkraft beschreibt die Sorgen fol-

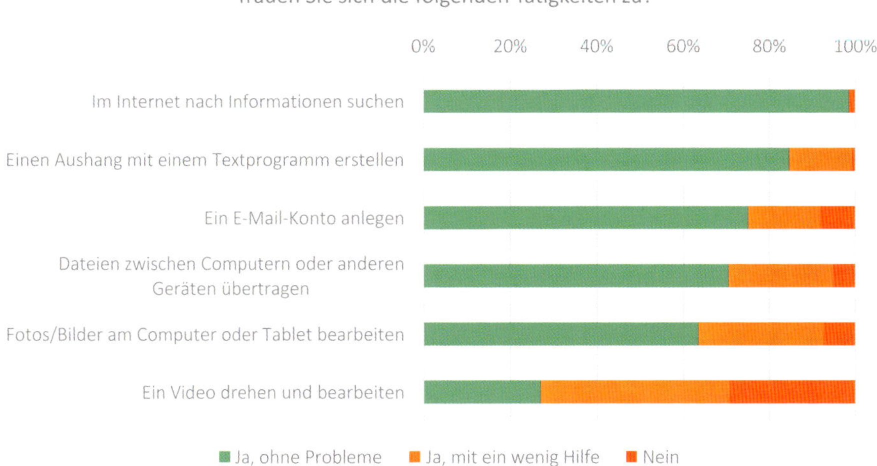

Abb. 6: Selbsteinschätzung zu Tätigkeiten mit digitalen Medien seitens der befragten Fachkräfte; Angaben in Prozent (*n* = 137).

gendermaßen: „Was ist, wenn das nicht so funktioniert? Dann sitzen da alle Kinder und ich weiß selber nicht wie es geht."

In einer quantitativen Befragung (vgl. Kapitel 1.2) von 137 Fachkräften aus den Projektkitas wurde deutlich, dass trotz einer recht hohen privaten Mediennutzung unter einigen Fachkräften Unsicherheiten im Umgang mit digitalen Geräten persistieren. Ein Viertel gibt an, nicht ohne Hilfe ein E-Mail-Konto anlegen zu können, knapp 30% haben Probleme beim Übertragen von Dateien zwischen zwei Geräten. Insbesondere der kreativ-gestalterische Bereich stellt hier offenbar eine Herausforderung dar: 37% der Fachkräfte geben an, sich Foto- und Bildbearbeitung nicht oder nur mit Hilfe zuzutrauen, bei der Videobearbeitung gilt dies für 73% (siehe Abb. 6).

In der gleichen Befragung hatten die Teilnehmenden die Möglichkeit, über eine offene Eingabe ihre Wünsche und Erwartungen an das Projekt zu formulieren. Aus den Antworten wird deutlich, dass sich die Fachkräfte Unterstützung dabei wünschen, in ihrem eigenen medienpädagogischen Handeln sicherer zu werden. Beispielhaft illustrieren folgende Zitate diesen Wunsch nach einer soliden fachlichen Basis: „Ich möchte im Umgang mit den digitalen Medien selbst sicherer werden, oft mangelt es an der Zeit, dass ich mich mit den vorhandenen Geräten nicht optimal einarbeiten kann."; „Dass mir als Pädagoge vermittelt wird, wie ich in meiner Rolle die Kinder über den richtigen Umgang mit Medien informiere."; „Inhaltliche und fachliche Unterstützung, irgendwie ist vieles ‚Neuland'"; „eine gute Kenntnisgrundlage, um den Eltern den pädagogischen Sinn und Zweck gut vermitteln zu können.".

Abwehrhaltungen können auch daraus resultieren, dass viele Fachkräfte – und auch Eltern – ein ungenaues Verständnis davon haben, was überhaupt unter den Bildungsbereich Medienerziehung fällt (Six/ Gimmler 2007). Eine Fachkraft fasst zusammen, dass viele ihrer Kolleg*innen der Meinung seien, dass Kinder ohnehin schon zu viel Zeit mit digitalen Medien verbringen und jede weitere Bildschirmzeit als schlechte Entwicklung sehen. Es kämen Kommentare wie: „Dieses Teufelszeug, warum braucht man das." Sie fühlt sich dadurch in ihrer medienpädagogischen Arbeit missverstanden:

„Ich setz' ein Kind nicht vor ein Youtube-Video und das war's, das ist nicht meine Absicht."

Wieder andere haben die Sorge, dass die Einbindung von digitalen Medien eine zusätzliche Arbeitsbelastung im ohnehin schon stressigen Kita-Alltag bedeutet (siehe auch Punkt 3.2.9).

Die unterschiedlichen ablehnenden Haltungen lassen sich nicht alle auf die gleiche Art lösen: verschiedene Ansätze werden im Folgenden dargestellt.

3.2.4 In einen offenen Dialog gehen

„Oh, oh, oh." sagte eine Fachkraft, als wir sie im Interview gefragt haben, wie das Team am Anfang auf das Thema Medienpädagogik reagiert hat – zunächst gab es viele Einwände. Nach einer Teamfortbildung wendete sich das Blatt: „Das Drei-Tage-Programm hat die Kollegen ins Boot geholt, ich würde mal sagen zu 90 Prozent."

Wie ist diese Veränderung zustande gekommen? Entscheidend war der offene Austausch, bei dem auf alle Fragen, Ängste und Unsicherheiten eingegangen wurde: „Da gab es auch richtig Diskussionen. Wir haben uns richtig ins Zeug gelegt. Jeder hat dann nochmal gegoogelt und das am nächsten Tag mitgebracht." In lockerer Atmosphäre wurde auf alle (Gegen-)Argumente eingegangen: „Die haben wir dann alle auf ein Papier gebracht. Und dann haben wir immer geguckt: Was sind die Vor- und was sind die Nachteile von der Medienarbeit. Und dann auch noch mal im Netz geguckt, was andere dazu sagen." Auch konnten sie besprechen, wie sie ihren pädagogischen Schwerpunkt, die Betreuung von Kindern mit besonderem Förderbedarf, durch den Einsatz digitaler Medien weiter ausbauen können: „Wir haben auch noch mal besonders geguckt für Kinder, die Beeinträchtigungen haben. Da haben wir gemerkt: Gerade diese Kinder brauchen das."

Auch eine andere Kita betont, dass gerade sie den kritischen Austausch, in dem auch Gegenargumente besprochen wurden, besonders wichtig fanden:

„In 'nem großen Team hat man von jeder Sorte was und das ist gut so. Man braucht immer welche, die vorpreschen und immer welche die bremsen, die sagen: ‚Denk nochmal drüber nach.' Dann findet man einen Mittelweg."

3.2.5 Experimentieren und Ausprobieren: Freude am Lernen

In der oben beschriebenen Fortbildung wurden auch praktische Impulse gegeben, die das Team überzeugt haben: „Der Dozent hat uns schöne Sachen gezeigt, was die Kinder in diesem kleinen Alter schon erlernen können. Und da waren die ganz erstaunt." Das Team konnte sich durch die Fortbildung nicht nur einen ersten Überblick verschaffen, sie hatten auch die Möglichkeit, die digitalen Geräte selbst auszuprobieren, wodurch erste Berührungsängste fielen: „Wir haben in Gruppen gearbeitet, wir haben gelacht, wir haben gescherzt, wir haben kleine Videos gemacht, Trickfilme, wir waren total kreativ".

Eine andere Kita hat Teamrunden genutzt, um Kolleg*innen in einem geschützten Rahmen die Möglichkeit zu geben, sich mit den Geräten vertraut zu machen, ohne dass die Kinder anwesend waren. „Wir haben im großen Team Runden, wo [ein Kollege] auf ganz tolle Art diese Sachen einführt und für uns die Bedienungsanweisungen in Kurzform zusammenstellt, laminiert und zu den Geräten legt, so dass die älteren Kollegen in der Lage sind sich auszuprobieren und es später nochmal nachzulesen."

Gemeinsames Ausprobieren und Experimentieren – ohne den Anspruch, auf Anhieb alles richtig zu machen – trägt dazu bei, Anfangsängste abzubauen. „Was alle Kollegen überzeugt, ist, wenn [der Kollege] den Bienenroboter erklärt und der überall hingeht außer dort, wo er hin soll – und wir alle lachen. Und dann ist dieser Aha-Effekt da." Auch eine andere Kita hat die Erfahrung gemacht, dass viele Vorurteile fallen, wenn das Team die Möglichkeit hat, die Geräte in der Teamsitzung selbst auszuprobieren: „Da ist irgendwie der Knoten geplatzt." Dabei ist es, wie ein Erzieher anmerkt, besonders hilfreich, in kleinen Gruppen zu arbeiten und schrittweise vorzugehen. So ist es seiner Erfahrung nach besser, das „Wissen häppchenweise zu vermitteln."

3.2.6 Einen geschützten Raum schaffen: Fehlertoleranz, Mut und Neugier

Das Vertrauensverhältnis innerhalb des Teams spielt eine wichtige Rolle und ist letztendlich ausschlaggebend dafür, ob ein offener Austausch möglich ist: „Das ist sicherlich hilfreich, wenn man jemand hat, von dem man weiß, der verurteilt einen nicht."

Gegenseitiger Rückhalt, Fehlertoleranz und die Freude am gemeinsamen Lernen gehen Hand in Hand:

> *„Die [skeptischen Kolleg*innen, Anm. d. Verf.] haben gemerkt, dass sie nicht alleine sind mit dem Thema. Wir haben gesagt, wir helfen euch, wir unterstützen euch. Es gibt Kollegen, die mit digitalen Medien gut umgehen können, geht hin und holt euch die Informationen. Und es steht überhaupt nicht zur Debatte, dass hier irgendeiner ausgelacht wird oder gesagt wird: Lern' erstmal mit dem Computer umgehen. Es gab hier keine Vorurteile, nichts. Wir machen das einfach miteinander. Immer zu zweit oder zu dritt."*

Ein anderer Erzieher plädiert dafür, sich nicht zu viele Sorgen zu machen, was alles schieflaufen könnte: „Mein Rat wäre, einfach ganz offen, mutig voranzugehen. Und sich ruhig mal was zu trauen, sag ich mal. Nur durchs Selbermachen lernt man auch. Man kann sich das Tablet anschaffen und erstmal gucken und ausprobieren. Da ist ja auch schon sehr viel drauf, mit iMovie und der Kamera kann man ja schon sehr, sehr viel machen."

3.2.7 An vorhandenes Wissen anknüpfen

Vorbehalte gegenüber der medienpädagogischen Arbeit resultieren häufig aus der Sorge, über nicht genügend Wissen zu verfügen. Daher ist es hilfreich, an vorhandene Erfahrungen anzuknüpfen, wie eine Leitung schildert:

„Es war die Vorstellung von vielen, dass es viel Fachwissen im technischen Bereich erfordert. Bis sie gemerkt haben, die Hälfte mache ich ja schon irgendwie."

Ein Erzieher berichtet, dass er zu Beginn des Projekts in die unterschiedlichen Gruppen gegangen ist und gemeinsam mit den Kolleg*innen identifiziert hat, wo diese bereits medienpädagogisch arbeiten. Über diesen Einstieg konnten erste Berührungsängste bei den Kolleg*innen abgebaut werden. So sei fast allen Fachkräften nicht bewusst gewesen, dass sie bereits über viele Vorerfahrungen verfügen.

Der Erzieher resümiert: „Wir haben in den Gruppen freigelegt, was schon da ist an Medienarbeit. Das hat die Barriere gelöst. Ich habe gezielt überall geguckt, was in den Gruppen gemacht wurde. Dann habe ich gesagt, dass das ganz toll ist, was sie an Medienarbeit leisten. Immer wieder sichtbar machen und loben – das hat schon viel bewegt." Ähnliche Reflektionen lassen sich auch in Teamsitzungen umsetzen und können das Vertrauen in die eigenen Erfahrungen und einen positiven Dialog zum Einsatz digitaler Medien in der Kita stärken.

Für viele Kitas ist es eine große Herausforderung, einen Startpunkt zu finden, von welchem sie sich dem Thema nähern können:

„Zuerst saßen wir da und dachten: ‚Okay, was machen wir'. Man muss erst reinwachsen – das Thema Medien ist riesig, man muss was Kleines für sich finden."

Es hat sich bewährt, medienpädagogisch dort anzufangen, wo sich die Fachkräfte sicher fühlen, über viel Expertise verfügen und wo die individuellen Interessen liegen. So hat eine Projektkita einen natur- und erlebnispädagogischen Schwerpunkt. Sie entschieden sich, digitale Medien zunächst zu nutzen, um diesen Schwerpunkt zu stärken und die umliegende Natur genauer zu erkunden. So können sie sich dem Thema langsam nähern, ohne überfordert zu sein. Als Querschnittsaufgabe lässt sich Medienpädagogik mit allen

Bildungsbereichen verknüpfen, sei es in der Sprachpädagogik, im sportlichen, musikalischen oder künstlerischen Bereich. Mit steigender Sicherheit kann diskutiert werden, ob das Profil um andere Themengebiete erweitert werden soll.

3.2.8 Standards festlegen und Unterschiede wertschätzen

Die Motivation der Mitarbeitenden ist ein wesentlicher Faktor für die Verankerung von Medienerziehung in der Kita. Entsprechend kommt es darauf an, die unterschiedlichen Stärken der Mitarbeitenden zu wertschätzen, wie eine Leitung betont.

> *„Wir lernen – wie Kinder – dem Interesse nach. Ob wir alt oder jung sind – das muss man akzeptieren. Jeder soll machen, was er gut kann — es gibt Grundkompetenzen, die alle können und ansonsten ist es wichtig, dass jeder auch persönlich bleibt, spezialisiert ist und stolz ist auf das, was er kann."*

Eine andere Leitung gibt zu bedenken, dass das Team immer nur so stark sei, wie das schwächste Mitglied: „Da will ich tatsächlich schauen, wie nehmen wir alle mit und bringen sie auf den Standard, den wir hier entwickelt haben."

Beide Leitungen sprechen von „Standards" bzw. „Grundkompetenzen" – sie unterscheiden also zwischen dem, was *alle* können sollten, und dem, was von Teammitgliedern übernommen werden kann, die ein besonderes Interesse an dem Themenbereich haben.

3.2.9 Belastung reduzieren

Gerade am Anfang ist die Verankerung des neuen Bildungsbereichs mit einigem Aufwand verbunden. Es müssen Entscheidungen getroffen, Ziele formuliert und neue Kompetenzen aufgebaut werden. Besonders erfolgreich waren die Projektkitas, die darauf geachtet haben, den Aufwand für die Mitarbeitenden dabei in einem machbaren Rahmen zu halten. Eine Leitung fasst diese Haltung besonders treffend zusammen:

> *„Für uns ist ein ganz wichtiger Faktor: Wie können wir das in unseren Alltag so integrieren, dass unsere Kolleginnen das von dem Zeitaufwand schaffen und es mit Lust und Freude machen und nicht einfach nur eine Belastung ist?"*

Eine andere Leitung formuliert sehr ähnlich: „Die Herausforderung ist immer, dass es nicht noch mehr Arbeit bedeutet. Wie kann ich das eine mit dem anderen gut verknüpfen, wo lässt es sich gut ergänzen, wo ist es auch hilfreich – darum geht es doch. Deswegen auch diese Fachteamarbeit, es sollen ja nicht alle alles machen."

Diese Einstellung ist ein guter Grundsatz, um regelmäßig zu evaluieren, ob vorgenommene Ziele realistisch sind, und um das Wohlbefinden der Mitarbeiter*innen zu schützen. Die Relevanz dieser Vorgehensweise zeigt sich – kontrastierend – auch in einer anderen Kita, aus der eine Fachkraft berichtet, dass der Bildungsbereich Medien immer wieder „verloren gegangen" sei – er ließ sich nicht gut im Alltag verankern. Zwar bekamen die Mitarbeitenden die notwendigen Fähigkeiten vermittelt, auch sei ihnen klar, welche Lernziele über medienerzieherische Arbeit vermittelt werden sollen. Jedoch beschreibt sie den Einsatz digitaler Medien in ihrer Kita als „Pflichtveranstaltung" – entsprechend sei die Motivation der Mitarbeitenden gering. Die Fachkraft formuliert die Gründe für die Schwierigkeiten folgendermaßen: „Die Kollegen müssen einen Beitrag im Monat auf die Homepage stellen, um zu zeigen, dass sie mit Medien gearbeitet haben. [...] Es ist durchaus manchmal sehr viel, was da verlangt wird, das ist es auch, was den Kollegen so zu schaffen macht – wenn die Forderung so groß ist. [...] Und wenn man zusätzlich was mit digitalen Medien zwei, drei Mal die Woche machen sollte – das ist einfach nicht zu leisten."

3.2.10 Mit digitalen Medien den Alltag erleichtern

„Wir haben hier so viele Ordner, das kann man sich gar nicht vorstellen."

Diese Beobachtung einer Fachkraft stellt in Kitas keine unübliche Situation dar: In den meisten Einrichtungen ist die Organisation noch sehr analog gestaltet. Digitale Medien können im Kita-Alltag vieles vereinfachen, sei es die Dokumentation der Anwesenheiten, die Essensplanung oder die Vermittlung von Informationen an die Eltern. Hier anzusetzen zeigt dem Team, dass die Beschäftigung mit digitalen Medien nicht immer ein „Mehr" an Arbeit bedeuten muss.

Um das Team für die Arbeit mit digitalen Medien zu begeistern, hat eine Kita daher die Tablets zunächst nur für die mittelbare pädagogische Arbeit genutzt. Sie setzten diese v.a. für die Portfolioarbeit ein: Fotos müssen nicht mehr über SIM-Karten übertragen, ausgedruckt und eingeklebt werden, sondern können direkt in der App eingefügt werden. Auch die Kinder können durch die leichte Handhabung in den Prozess einbezogen werden. Indem sich die Fachkräfte zunächst alleine mit dem Tablet vertraut machten, erkannten sie den Mehrwert und es fiel es ihnen leichter, die Geräte auch für andere Dinge und für die pädagogische Arbeit mit Kindern zu nutzen.

3.2.11 Ziele setzen: Die Entwicklung einer gemeinsamen Vision

Es gibt sehr viele unterschiedliche Richtungen, aus denen sich das Thema Medienerziehung angehen lässt. Manche Kitas wählen einen Ansatz, in dem sie kaum digitale Geräte einsetzen, aber die Medienerfahrungen der Kinder als Sprachanlässe nutzen oder diese spielerisch verarbeiten. Andere Einrichtungen haben eine Tüftelwerkstatt, in der sie mit Schaltkreisen experimentieren und alte Radios auseinandernehmen. Wieder andere fokussieren sich auf das kreative Gestalten, produzieren eigene Trickfilme, Hörspiele oder experimentieren mit

Fotografie. Dann gibt es Kitas, die sich der Vermittlung informatischer Kompetenzen verschrieben haben und mit kindgerechten Robotern erste Versuche im Programmieren starten. Die Liste verschiedener Ansätze ist lang und zeigt, dass es beim Thema Medienerziehung der internen Abstimmung und der Definition gemeinsamer Ziele bedarf.

Wir haben aufgezeigt, wie es Kitas gelingen kann, einen geschützten Raum zu schaffen, in dem sich Berührungsängste und Vorbehalte im Team abbauen lassen. Ein zentrales Ziel des Dialogs sollte es sein, als Team eine gemeinsame Vision zu entwickeln. Was möchte man medienpädagogisch erreichen, welche pädagogischen Inhalte sollen vermittelt werden und aus welchem Grund? Diese Vision kann in jeder Kita etwas anders aussehen und sich an den jeweiligen pädagogischen Schwerpunkten orientieren (siehe Kapitel 3.2.7). Die Entwicklung einer gemeinsamen Vision und das Setzen gemeinsamer Ziele ist aus unterschiedlichen Gründen zentral, worauf wir im Folgenden eingehen werden.

Erstens hilft eine gemeinsame Vision, um aufkommende Fragestellungen bewerten zu können und Orientierung zu geben. Eignet sich z.B. eine neue App oder ein Kinder-Roboter dazu, die Ziele umzusetzen oder passen sie nicht ins Konzept? Wann ist der richtige Zeitpunkt für einen Studientag oder einen Elternabend? Wird eine bessere WLAN-Verbindung benötigt? All diese Fragen lassen sich sehr viel leichter beantworten, wenn es einen Plan gibt, der vom Team mitgetragen wird.

Eine der Projektkitas hat sich zum Beispiel dafür entschieden, digitale Medien zu nutzen, um ihren Schwerpunkt in der Natur- und Erlebnispädagogik zu unterstützen. Bei der Auswahl der anfangs angeschafften Technik konnten sie sich aufgrund dieser Festlegung fragen: Hilft uns dieses Gerät dabei, unser Ziel zu erreichen? So fiel ihnen die Auswahl leichter und sie erwarben nur Gerätschaften und Apps, die sie auch wirklich nutzen wollten.

Zweitens lässt sich eine genaue Vision sehr viel leichter nach außen kommunizieren. Wenn man sich im Team darüber verständigt hat, worin der Sinn medienpädagogischer Arbeit liegt und welche Lernziele bei den Kindern erreicht werden sollen, ist es leichter, den Fragen von Eltern gelassen entgegenzutreten:

> *„In der Diskussion festigt sich die eigene Meinung. Das Fachteam hatte irgendwann 'ne gemeinsame Haltung und Vision zu diesem Thema, alle waren sich einig. Wenn man die hat, kann man's auch gut nach außen vertreten und den Eltern gegenüber vermitteln."*

Drittens lässt sich aus einer Vision auch auch ein Zeitplan ableiten, in dem Meilensteine und Projektetappen festgelegt werden. Wann möchte man eine Teamfortbildung machen, einen Info-Brief an die Eltern schreiben oder das erste kleine Projekt starten? Bis wann soll der Bildungsbereich vollkommen im Kita-Alltag etabliert sein? Indem kleine Etappenziele festgelegt werden, wird der Arbeitsaufwand leichter überschaubar und es ist klarer, wohin man sich als Team entwickeln will.

3.2.12 Das Team gewinnen: Verschiedene Wege für den Einstieg ins Thema

Im „Grünbuch" (Lienau/ van Roessel 2019a), einem Zwischenbericht des Projekts, haben wir auf Basis der durchgeführten Literaturrecherche und Expert*innen-Interviews mehrere Ansätze identifiziert, wie Fachkräfte und Teams für das Thema Medienerziehung sensibilisiert werden können:

Aufklärung über den Sinn und Zweck von Medienerziehung

Oft ist weder Eltern noch Fachkräften klar, was mit einem gezielten medienpädagogischen Ansatz erreicht werden soll. Die Kita wird noch immer von vielen als ein Schonraum betrachtet, in dem digitale Medien nichts verloren haben. Es ist also wichtig, aufzuzeigen, was die Ziele sind und wie Medienerziehung in der Praxis umgesetzt wird.

Praxis- & projektorientierter Ansatz

Um das Team für das Thema zu gewinnen, eignen sich v.a. praktische Beispiele und kleinere Projekte, die gemeinsam mit den Kindern umgesetzt werden (wie z. B. das gemeinsame Aufnehmen eines Hörspiels). Die Begeisterung der Kinder empfinden viele Fachkräfte als motivierend.

Einstieg über Selbstreflexion

Ein üblicher Einstieg in das Thema ist die Reflexion zum eigenen Medienhandeln und der eigenen Medienbiografie (etwa den Lieblingssendungen in der Kindheit). Auf diese Weise kann man aufzeigen, welche Bedeutung digitale Medien sowohl im eigenen Alltag haben, aber auch, wie sich die kindliche Mediennutzung verändert hat – und welche Anforderungen sich daraus an die Kita als früheste Bildungsinstitution ableiten lassen.

Theoretischer Ansatz

Auch wenn ein praktischer Ansatz mitunter am meisten überzeugt, ist es hilfreich, sich auch auf theoretischer Ebene mit dem Thema zu befassen. Das Lesen von Studien und Ratgeberliteratur trägt zur kritischen Auseinandersetzung mit dem Thema bei, die nötig ist, um auch auf argumentativer Ebene Sicherheit zu erlangen – sodass Theorie und Praxis Hand in Hand gehen.

Organisatorischer Ansatz

Auch der Einsatz von Medien abseits der direkten Arbeit am Kind (z. B. für die Portfolio- und Dokumentationsarbeit, für die Kommunikation mit Eltern oder teaminterne

Planungen) kann ein Einstieg sein, der Fachkräfte einerseits an digitale Medien herangeführt und ihnen andererseits ihren Nutzen vor Augen führt.

Einstieg über Medienkompetenztraining

Um medienerzieherisch arbeiten und Kinder an einen selbstbestimmten und verantwortungsbewussten Umgang mit Medien heranführen zu können, ist es nötig, dass Fachkräfte ihre eigenen Medienkompetenzen stärken. Über Medienkompetenztraining erlangen Fachkräfte das technische Know-how, das für einen sicheren und selbstbewussten Umgang mit den Geräten nötig ist.

Einstieg über Reflexion der Mediennutzung der Kinder bzw. der Eltern

Welche Bedeutung haben Medien im Alltag von Kindern? Wie werden Medien im familiären Kontext genutzt? Oftmals ist es hilfreich, die Alltagsrelevanz von Medien im Leben von Kindern zu reflektieren, um den Einstieg in das Thema zu finden, zum Beispiel, indem man sich selbst die „Kinderbrille“ aufsetzt und digitale Medien aus der Sicht von Kindern neu entdeckt.

Lernen im Team. Das Kapitel in Kürze

In diesem Kapitel haben wir gezeigt, dass die Verankerung von Medienerziehung in hohem Maße von Teamprozessen und einer wertschätzenden Teamkultur abhängt. Es wurde gezeigt, dass nicht nur Einzelpersonen mit dem Bildungsbereich betraut werden sollten, sondern sich die Arbeit in Fachteams bewährt hat. Auf diese Weise lassen sich nicht nur die zahlreichen Herausforderungen, die sich bei der Verankerung von Medienpädagogik stellen, besser bewältigen, es wird auch sichergestellt, dass das gewonnene Wissen und die Kompetenzen (etwa bei Personalwechseln) nicht verloren gehen. Auch das Gesamtteam sollte in den Prozess einbezogen werden. Das bedeutet nicht, dass alle gleichermaßen medienpädagogisch arbeiten müssen. Vielmehr sollte der kitainterne Dialog darauf ausgerichtet sein, ein gemeinsames Verständnis des Bildungsbereichs zu entwickeln, das sich am Profil der Einrichtung orientiert. Zudem dient der Austausch dazu, Ängste und Vorbehalte innerhalb des Teams abzubauen. Um auch skeptische Kolleg*innen zu gewinnen, bedarf es eines vorurteilsfreien Dialogs, in dem Ängste offen angesprochen werden können. Durch die Entwicklung eines gemeinsamen Verständnisses von Medienerziehung und das Setzen gemeinsamer Ziele erlangt das Team Sicherheit und kann die medienerzieherische Arbeit auch gegenüber den Eltern besser vertreten.

3.3 Lernen ermöglichen: Leitung, Struktur und Organisation

Die Erfahrungen aus den Projektkitas zeigen, dass die Frage, ob neue Inhalte gut im Team verankert werden können, ganz wesentlich von den Organisationsstrukturen und der Arbeitsweise der Kita abhängt. Während sich die ersten beiden Unterkapitel auf das Lernen von Einzelpersonen und Teams konzentriert haben, geht es im Folgenden um die Rahmenbedingungen: Welche Voraussetzungen begünstigen gutes und nachhaltiges Lernen?

3.3.1 Die Rolle der Leitung

Die Kita-Leitung hat für jede Einrichtung eine zentrale Bedeutung. Das gilt nicht nur – aber auch – für die medienpädagogische Arbeit. Unabhängig davon, ob das Thema Medienerziehung ursprünglich von der Leitung initiiert wurde, ist es entscheidend, dass die Leitung das Thema für wichtig erachtet und das Vorhaben tatkräftig unterstützt. Besonders deutlich zeigt sich der Einfluss der Leitung, wenn es Wechsel in dieser Position gibt. Als dieser Fall in einer Projektkita aufgetreten ist, schildert eine medienpädagogische Fachkraft dies so:

> *„Also mit [der alten Leitung] hab' ich Hand in Hand gearbeitet. Wenn wir gesagt haben, wir machen das, dann haben wir das durchgezogen. Wir haben immer unsere Ziele erreicht, also wir sind wirklich schrittweise vorwärtsgekommen. Sie hat mir das auch toll übergeben, wir haben gute lange Gespräche geführt, sie hat mir alles an die Hand gegeben und hat gesagt: ‚Haltet dran fest. Macht das. Das ist was Gutes.'"*

Trotz der guten Vorsätze gestaltete es sich schwierig, das Thema Medienerziehung weiter zu verfolgen. Die neue Leitung war dafür nicht ansprechbar:

> *„Ich hätte mich jetzt erstmal hinsetzen müssen, um sie ein bisschen einzuweisen. Sie kommt ja auch von außen. Aber ich hatte keine Chance, das mal mit ihr zu besprechen oder sie ins Boot zu holen. Oder sie zu fragen, ob sie 'ne Idee hat, wie wir weitermachen können. So'ne Leitung brauch' ich, sonst kommen wir hier nicht weiter. [...] Es spielt wirklich 'ne große Rolle, eine Leitung zu haben, die hinter einem steht. Ich kann jetzt nicht als Kollegin sagen, ihr macht jetzt alle hier mit – das funktioniert nicht."*

Die Fachkraft spricht einen zentralen Punkt an, der sich auch in anderen Projektkitas bestätigte. Gleichzeitig ist es auch hinderlich, wenn die Leitung „von oben" bestimmt, ohne die Mitarbeitenden einzubeziehen und ihnen Gestaltungsfreiraum zu gewähren. Weder ein reines *top-down*-Verfahren noch ein reiner *bottom-up*-Ansatz erweist sich für eine nachhaltige Verankerung als zielführend. Vielmehr bedarf es der Kooperation zwischen Fachkräften und Leitung. Eine Leitung beschreibt ihre eigene Rolle folgendermaßen:

„Ich bin eher dafür da, zu gucken, was das Thema der Zeit im Kita-Alltag ist. Ich mach mir Gedanken und Ideen, ehe ich das mit dem Team teile. Dann habe ich gefragt, wer Interesse daran hat. Man muss erstmal das Interesse wecken: Wie kann man aus einer Vision eine gemeinsame machen? Wie kann das gestreut werden? Das ist ausschlaggebend. So hat sich das Team Medienpädagogik langsam aus ein paar Mitarbeitern gebildet. Wir sind zwar eng in Absprachen, aber ich bin dann auch raus, weil ich Vertrauen habe in meine Mitarbeiter. Sie wissen selbst am besten, was es in der Arbeit am Kind und den Eltern braucht."

Diese Aussage lässt erkennen, dass die Leitung in ihrem Team um ein Ausbalancieren von Top-down- und Bottom-up-Prozessen bemüht ist und großes Vertrauen in ihre Mitarbeitenden setzt. Es geht ihr nicht darum, dem Team ihre eigene Vision „überzustülpen" – sondern einen gemeinsamen Weg zu finden. Kreidenweis (2020) beschreibt in seinen Ausführungen zum digitalen Wandel in sozialen Organisationen diese Balance als „top down getriebene Bottom-up-Strategie" (ebd., S. 399). Demnach sei es zwar die Aufgabe von Führungskräften, Zielvorgaben zu setzen und richtungsweisende Impulse zu geben. Doch auch der Erfahrungsschatz und die Kompetenzen der Mitarbeitenden müssen aktiv in den Entwicklungsprozess einbezogen werden, um die Motivation des Teams aufrechtzuerhalten.

3.3.2 Ein starkes Team zusammenstellen

Die strukturelle Verankerung des neuen Themenbereichs Medienpädagogik war in den Projektkitas eine der ersten wichtigen Aufgaben. Jede Kita hat ihre eigene Struktur und die Abläufe variieren. Bei der Verankerung von Medienerziehung sind daher personelle wie strukturelle Rahmenbedingungen zu berücksichtigen. Als besonders erfolgreich hat sich die Arbeit in medienpädagogischen Fachteams herausgestellt (vgl. Punkt 3.2.1). Diese beschäftigen sich in regelmäßigen Treffen gemeinsam mit dem Thema und tragen ihre Erkenntnisse sukzessive ins Team. Folgende Aufgaben werden neben der medienpädagogischen Arbeit am Kind regelmäßig durch die Fachteams übernommen:

- Austausch und Diskussion mit anderen Teammitgliedern und Eltern
- Geräte, Apps und Materialien recherchieren und testen
- medienpädagogische Ziele klären, Konzepte schreiben
- Wissensvermittlung an das Gesamtteam (im Rahmen von Teamsitzungen, Studientagen o.Ä.)
- Einrichtung und Wartung der technischen Geräte
- ggf. Austausch mit der Leitung oder dem Träger

Bei der Zusammensetzung des medienpädagogischen Fachteams können verschiedene Aspekte einbezogen werden, welche Auswirkungen auf die Größe und personelle Konstellation des Teams haben. Ziel sollte es sein, dass Wissen, Informationen und Materialien gut in der Kita verbreitet werden können. In den Projektkitas waren folgende Punkte ausschlaggebend:

- **Größe und Aufbau des Gebäudes**: Handelt es sich um eine weitläufige Kita, ggf. in verschiedenen Häusern oder unterschiedlichen Etagen?
- **Pädagogisches Konzept:** Wird nach einem offenen Konzept gearbeitet, gibt es z.B. Themenräume? Wie bewegen sich Kinder und Fachkräfte im Haus?
- **Alter der betreuten Kinder**: Krippe, Elementar- und Vorschulbereich haben jeweils andere Voraussetzungen für die Arbeit mit digitalen Medien.
- **Größe des Teams und Anzahl der betreuten Kinder**
- **Interesse und Vorkenntnisse der Mitarbeitenden**: Unterschiedliche medienpädagogische Vorerfahrungen und inhaltliche Schwerpunkte sind für die Aufteilung der Aufgaben und einen fruchtbaren Austausch untereinander hilfreich.
- **Austausch mit der Leitung**: Wenn die Leitung nicht Teil des Teams ist, sollte geklärt werden, wie der Austausch geregelt werden kann, um Entscheidungen treffen zu können.

3.3.3 Investitionen sorgfältig auswählen und platzieren

Ein Baustein des Forschungs- und Praxisprojekts war die finanzielle Förderung (siehe Kapitel 1.2). Jede Kita erhielt von dem Förderpartner des Projekts, der Stiftung Ravensburger Verlag, 5.000 Euro, welche sie für Geräte, Fortbildungen, Software oder Materialien einsetzen konnten, die entweder der medienpädagogischen Arbeit mit Kindern oder der Kommunikation mit den Eltern dienen. Es hat sich gezeigt, dass bei Investitionsfragen wenn möglich das ganze Team einbezogen und der Mehrwert von Anschaffungen diskutiert werden sollte. So hat eine Kita, die technisch schon vor Projektbeginn sehr gut aufgestellt war, die Erfahrung gemacht, dass kostspielige Anschaffungen teilweise nicht dem Bedarf der Fachkräfte entsprachen: „Wir haben einfach schlechte Erfahrung gemacht mit größeren Anschaffungen, die dann nicht genutzt wurden, das ist irgendwie ärgerlich gewesen."

In einer anderen Einrichtung hat sich insbesondere die Leitung einen sogenannten „Magischen Teppich" gewünscht – eine Art Beamer, der verschiedene voreingestellte Lernsituationen auf den Boden projiziert und über Sensoren auf die Bewegungen der Kinder reagiert. Dieser wurde jedoch vom Team kaum genutzt und eine Medien-Multiplikatorin zeigt sich im Interview frustriert: „Finanziell ist das eine große Kiste und da sollte es sich schon lohnen, indem es wirklich regelmäßig genutzt wird."

Damit solche Fehlinvestitionen nicht passieren, sollten solche Entscheidungen nicht im Alleingang getroffen werden. Bewährt hat sich, zunächst auf zwei Dinge zu achten, um die Akzeptanz im Team zu steigern: Zum einen ein niedrigschwelliger Einstieg und zum anderen eine Orientierung an den Präferenzen des Teams, also an der Frage, ob sich die Fachkräfte vorstellen können, die Geräte tatsächlich im Alltag zu nutzen. Für einige Multiplikator*innen bedeutete dieses Vorgehen auch, von ihren eigenen Vorlieben Abstand zu nehmen: „Womit ich geliebäugelt habe, waren die Bee-Bots. Aber wenn nur ich damit was mache, ist das ja blöd. Der Punkt ist: Es muss irgendwie genutzt werden."

Eine Fachkraft resümiert, dass sie gelernt hätte, dass etwa Smartboards am Anfang zu kompliziert wären. Sie rät dazu, eher mit sogenannten Sprachfliesen oder Sprachklammern (kleine Aufnahmegeräte, die an der Wand platziert werden können) und Bee-Bots anzufangen. Eine Leitung beschreibt ihren Lernprozess folgendermaßen:

> *„Man denkt am Anfang, man braucht so und so viel. Durch den Austausch [mit den anderen Projektkitas] haben wir gemerkt, dass neue Geräte weniger wichtig sind, als wir dachten. Wir hatten irgendwann die Tablets, haben aber gemerkt, dass wir viel kleinere Schritte machen können, um wirklich das ganze Team gut mitzunehmen."*

Um sicherzustellen, dass Anschaffungen im Alltag genutzt werden, empfiehlt es sich zudem, sich Gedanken über die Platzierung der technischen Geräte zu machen. Hier müssen verschiedene logistische und praktische Überlegungen abgewogen werden, auch zum Beispiel der Diebstahlschutz. Wichtig ist, dass die Hürde, an die Geräte zu gelangen, nicht zu hoch ist. Mehrere Kitas beschreiben, dass es für die tägliche Arbeit mit den technischen Anschaffungen wichtig war, die Geräte visuell präsent zu platzieren, damit die Fachkräfte diese sichtbar und griffbereit haben – aber auch, um die Kinder in die Alltagsgestaltung aktiv einzubeziehen. Eine Kita nutzt dafür eine Vitrine: „Wir bieten es den Kindern optisch an. Das Visualisieren ist wichtig." Eine andere Kita bewahrt die Geräte im Büro auf, hat es aber zur Routine gemacht, dass die Fachkräfte diese morgens mit in die Gruppen nehmen: „Das ist schon automatisch der erste Gang morgens zu unserem Medienschrank. Laptop, Tablet, Kameras... Je nach Tagesablauf wird es unterschiedlich genutzt." Eine gute Planung, die zu den jeweiligen Bedingungen der Kita passt, verringert das Risiko, dass angeschaffte Technik nicht in die pädagogische Arbeit integriert wird.

3.3.4 Studientage, Fort- und Weiterbildungen – und kleine Anregungen im Alltag

Eine gute Fortbildung ist wichtig – sie kann das Team motivieren, den Fachkräften Ansätze zeigen, wie sie anfangen können und den Sinn und Zweck des Vorhabens klären. Wenn möglich sollte das gesamte Team einbezogen werden, wie auch die Leitung einer Projektkita rät: „Diese Einzelfortbildungen von Mitarbeitern sind nicht wirklich sinnvoll, das hat die Erfahrung gezeigt. Ich gebe eher den Fortbildungsetat für Referenten fürs Team aus, damit wir uns Themen raussuchen, die für uns alle wichtig sind. Es ist absurd zu glauben, die [Fachkraft] lernt in der Einzelfortbildung was Tolles, nimmt Impulse mit und kommt dann ins Team und rollt da die Themen auf. Das ist nicht mehr zeitgemäß. Für anschließende Diskussionen ist einfach nicht mehr die Zeit da."

Eine Fachkraft aus einer anderen Kita erzählt begeistert von ihrer dreitägigen Teamfortbildung: „Nach der Fortbildung waren wir so euphorisch, wir hätten sofort loslegen können. Das war der Hammer!“ Entscheidend hierfür war, dass grundlegende Fragen geklärt werden konnten.

„Wie kann man das in der pädagogischen Arbeit einsetzen? Das wollten viele wissen. Was gehört denn alles dazu, was gibt es denn auf dem Markt? Darüber hatten sich viele noch gar keine Gedanken gemacht.“

Im offenen Austausch wurde über die Vor- und Nachteile von Medienpädagogik diskutiert und Impulse für die Praxis gegeben, die sich an der pädagogischen Ausrichtung der Kita orientierten.

Doch nicht überall ist es leicht, im medienpädagogischen Bereich eine gute (Team-) Schulung zu bekommen. Die Projektkitas befinden sich im Raum Berlin, Brandenburg und Niedersachsen – die entsprechende Infrastruktur ist in den drei Ländern sehr unterschiedlich. Während die Fortbildungslandschaft in Berlin etwa über die Anbieter Bits21, WeTek und das 2021 eröffnete kids.digilab.berlin im Deutschen Technikmuseum recht breit aufgestellt ist, hatten gerade Kitas im ländlichen Raum größere Schwierigkeiten, passende Anbieter zu finden. Teilweise gab es Weiterbildungen über lokale Strukturen (die Kommune, ortsansässige Medienzentren oder Volkshochschulen) oder Angebote des Trägers.

Wovon viele der Projektkitas insbesondere während der Pandemie stark profitiert haben, ist das wachsende Angebot an Online-Fortbildungen und Webinaren. Doch auch diese werden häufig – z.B. aufgrund der Finanzierungsstrukturen – nur regional oder trägerintern angeboten. Viele Webseiten bieten zwar kurze Inputs (etwa die regelmäßigen Online-Konferenzen von „Gutes Aufwachsen mit Medien“, von denen es bereits eine umfangreiche Mediathek gibt), aber insbesondere an tiefgehenden Fortbildungsangeboten besteht noch ein großer Bedarf.

Kurze Inputs lassen sich auch in den Kita-Alltag integrieren. Zwei der Projektkitas haben solche Impulse etwa regelmäßig in Teamsitzungen untergebracht: „Die kleine Anregung hat vielen Kollegen geholfen, sich mit dem Thema auseinanderzusetzen“, resümiert die Leitung. Eine andere Kita plant, jede Woche eine Kiste zu packen, in der ein kleines medienpädagogisches Projekt inklusive Anleitung bereits vorbereitet ist. Zwei Projektkitas haben auch eigene Studientage vorbereitet (siehe Kapitel 3.3.6). Ziel war es, dass die medienpädagogischen Multiplikator*innen den Rest des Teams mitnehmen.

3.3.5 Die Bedeutung des Konzepts

„Bei allen hat's richtig ‚Peng' gemacht, als das Thema in die Konzeption aufgenommen wurde. Wir setzen digitale Medien ein und wir machen das gut – diese Überzeugung haben wir gefunden."

So beschreibt die Leitung einer Projektkita den Effekt, als die gemeinsam entwickelte Vision auch im Kita-Konzept festgehalten wurde. Mit der konzeptionellen Verankerung, so darf diese Aussage verstanden werden, wurde die Bedeutung, die dem neuen Bildungsbereich zugemessen wurde, wesentlich gestärkt. Der Weg zu diesem Durchbruch war jedoch nicht ganz leicht, eine Fachkraft derselben Kita schildert: „Der Einstieg ins Projekt war relativ schwierig, man musste sich erstmal Gedanken machen, was man erreichen möchte und wie man es umsetzen kann. Stück für Stück hat das kleine Puzzle dann ein Ganzes ergeben." Doch die Leitung betont, dass das Schreiben des medienpädagogischen Konzepts allen im Team gezeigt habe, dass sie es mit dem Thema ernst meinen, dass sie als Team einheitlich handeln wollen und auch nach außen hin zeigen, wie dies gemacht wird. Natürlich garantiert ein Konzept nicht automatisch die Umsetzung in der Praxis. Doch in einigen Projektkitas war das Konzept ein zentraler Baustein, um den Bildungsbereich Medien zu stärken.

Zitate aus den Konzepten der Projektkitas:

„Medienkompetenzen sind eine wichtige Voraussetzung und eine grundlegende Schlüsselkompetenz für die aktive Teilnahme an unserer Informationsgesellschaft. Medienbildung verstehen wir als Querschnittsaufgabe, sie ist im Berliner Bildungsprogramm verankert. Digitale Medien können als Werkzeug in allen Bildungsbereichen (Natur-Umwelt-Technik, Gesundheit, soziales und kulturelles Leben, Kommunikation/Sprache, Kunst-Musik-Theater und Mathematik) eine kreative Ergänzung sein. Dabei ist uns wichtig, dass der Einsatz digitaler Medien und deren Medieninhalte in den jeweiligen Bildungsbereichen altersgerecht und alltagsintegriert gestaltet werden."

[Es] besteht auch die Möglichkeit, dass die Kinder ihren Alltag, Ausflüge oder Projekte selbsttätig fotografieren sowie filmen. Beim Anschauen dieser Aufnahmen erinnern sich Kinder an Situationen, wichtige Einzelheiten werden entdeckt und es werden Sprachanlässe geschaffen. Außerdem unterstützen wir die Kinder dabei, die Inhalte zu verstehen sowie damit verbundene Gefühle, Erlebnisse und Phantasien auszudrücken."

„Die pädagogischen Fachkräfte sollen die Alltagswelt der Kinder aufgreifen, mit Medien kreativ und gestalterisch tätig werden, sie als Werkzeug gezielt einsetzen, um Kinder zu einem eigenverantwortlichen Umgang mit Medien zu befähigen. In diesem Rahmen haben wir uns verschiedene Medien angeschafft, darunter Soundbücher, Tablets, Digi-Mikroskope, TipToi-Bücher, Lautsprecherboxen, große digitale Bildschirme, Sprachwände und Sprachpads."

„Bevor mobile Endgeräte (Tablets/iPads) in die Kinderhand gelangen, werden alle erforderlichen Sicherheitseinstellungen von unserem Träger vorgenommen. Es werden ausschließlich qualitätsgeprüfte und pädagogisch wertvolle digitale Kindermedien, Bildungs-Apps, für Kinder entwickelte Apps, Webseiten und Kindersuchmaschinen ausgewählt."

„Ältere Kinder können lernen, Informationen zu finden und zu benutzen. Digitale Medien können die Neugier der Kinder wecken. Mit entsprechendem Zusatzmaterial für Tablets und Smartphones ist es möglich, Projekte noch intensiver zu bearbeiten. Ziel ist es, die Kompetenzen der Kinder zu stärken."

3.3.6 Fallbeispiel: Der Studientag des Familienzentrums Martin-Luther

An einem Beispiel möchten wir genauer erläutern, wie die verschiedenen organisatorischen Entscheidungen dafür sorgen können, dass ein Thema gut in einer Kita verankert wird.

Die Kita hat bereits vor einigen Jahren damit begonnen, dass sich nicht mehr einzelne Fachkräfte auf Themen spezialisieren, sondern Fachteams zu den jeweiligen Themen gebildet werden. Jedes Teammitglied ist – je nach persönlicher Präferenz – in einem solchen Fachteam. Trotz der Spezialisierung werden Fortbildungen üblicherweise im gesamten Team gemacht. In jedem Fachteam sind 3-5 Mitarbeitende. Es ist möglich, das Team zu wechseln, wenn man sich mit etwas Neuem beschäftigen möchte. Durch eine gute Dokumentation halten die Fachteams ihren Wissensstand, ihre Entscheidungen und Materialien fest und machen es somit auch Neueinsteiger*innen leicht, sich in das Thema einzuarbeiten. Im Fachteam Medienpädagogik sind die Aufgaben klar verteilt: Eine Erzieherin ist für die Tablets zuständig, zwei andere haben das Projekt „Medienerziehung im Dialog" begleitet, ein anderer hat die Erstellung eines virtuellen Rundgangs der Einrichtung betreut. Somit wird den unterschiedlichen Affinitäten der Fachkräfte Raum gegeben.

Als die Leitung beschlossen hat, dass das Thema Digitale Medien wichtig ist, hat sie zunächst unter ihren Mitarbeiter*innen nach Mitstreiter*innen gesucht, die sich in einem neugegründeten Fachteam näher damit auseinandersetzen wollten. Das Kernteam „Medienpädagogik" hieß zunächst „Digitalisierung" – der Titel hat bei einigen Kolleg*innen jedoch für Ängste oder Blockaden gesorgt. Am Anfang hat das Team in enger Absprache mit der Leitung gearbeitet, später jedoch immer eigenständiger. Nach einigen Monaten war das Fachteam so gut in das Thema eingearbeitet, dass sie gemeinsam mit einer externen Referentin einen Studientag für das gesamte Team konzipiert haben.

In einem Zirkelprinzip hat das Team in Kleingruppen nacheinander verschiedene Stationen durchlaufen. Die Arbeit in Kleingruppen wurde gewählt, um auch mit denen in ein Gespräch zu kommen, die sich sonst weniger offen äußern. Folgende Stationen wurden durchlaufen:

- Information: Was ist unter Medienpädagogik zu verstehen?
- Reflexion zur eigenen Mediennutzung
- App-Parcours, in dem in Zweiergruppen verschiedene Apps für 10-15 min ausprobiert werden konnten
- Vorstellung sogenannter „Qualitätszirkel" (Bögen, auf denen ein Bildungsbereich möglichst kurz und knapp beschrieben wird – diese dienen etwa auch zur Einarbeitung von neuen Mitarbeitenden)
- Zusammenarbeit mit den Eltern, insbesondere Planung eines ersten digitalen Elternabends
- Neue Geräte: Was wurde bereits angeschafft, was würden sich die Kolleg*innen wünschen?

Am Ende haben alle Fachkräfte in ihren eigenen Fachteams überlegt, wie sie das Gelernte mit ihrem eigenen Schwerpunktthema verbinden, also zum Beispiel Sprachförderung, Religions- oder Naturpädagogik mit Medienerziehung kombinieren können. Dieser Schritt diente dazu, den Einstieg in die Arbeit mit den neuen Geräten zu erleichtern, indem man sie in einem bekannten Kontext einsetzt. So wurde die Organisation der Arbeit in Form von Fachteams auch in den Weiterbildungsangeboten mitgedacht und sinnvoll eingebunden.

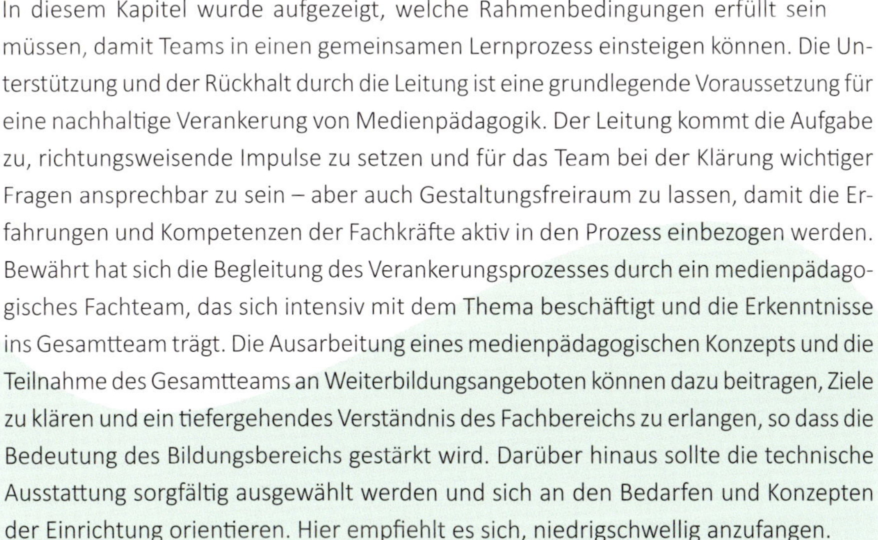

Lernen ermöglichen. Das Kapitel in Kürze

In diesem Kapitel wurde aufgezeigt, welche Rahmenbedingungen erfüllt sein müssen, damit Teams in einen gemeinsamen Lernprozess einsteigen können. Die Unterstützung und der Rückhalt durch die Leitung ist eine grundlegende Voraussetzung für eine nachhaltige Verankerung von Medienpädagogik. Der Leitung kommt die Aufgabe zu, richtungsweisende Impulse zu setzen und für das Team bei der Klärung wichtiger Fragen ansprechbar zu sein – aber auch Gestaltungsfreiraum zu lassen, damit die Erfahrungen und Kompetenzen der Fachkräfte aktiv in den Prozess einbezogen werden. Bewährt hat sich die Begleitung des Verankerungsprozesses durch ein medienpädagogisches Fachteam, das sich intensiv mit dem Thema beschäftigt und die Erkenntnisse ins Gesamtteam trägt. Die Ausarbeitung eines medienpädagogischen Konzepts und die Teilnahme des Gesamtteams an Weiterbildungsangeboten können dazu beitragen, Ziele zu klären und ein tiefergehendes Verständnis des Fachbereichs zu erlangen, so dass die Bedeutung des Bildungsbereichs gestärkt wird. Darüber hinaus sollte die technische Ausstattung sorgfältig ausgewählt werden und sich an den Bedarfen und Konzepten der Einrichtung orientieren. Hier empfiehlt es sich, niedrigschwellig anzufangen.

3.4 Lernen im Kontext

In den vorangegangenen Unterkapiteln lag der Schwerpunkt auf der Bedeutung des gemeinsamen Lernens. Dieses ist allerdings nicht nur auf die einzelne Kita begrenzt. Vielmehr möchten wir unter dem Punkt „Lernen im Kontext" verdeutlichen, dass es hilfreich ist, mit anderen Kitas, Organisationen oder lokalen Partnern in den Austausch zu gehen und sich gegenseitig zu inspirieren, voneinander zu lernen und sich zu unterstützen. Im Rahmen des Projekts waren hierfür die Netzwerktreffen zwischen den zehn Projektkitas zentral, doch entsprechende Austauschformate lassen sich auch anderweitig organisieren. Darüber hinaus kann die Vernetzung mit lokalen Partnern auch zu einer sozialraumorientierten Pädagogik beitragen.

3.4.1 Die Kita als gesellschaftlicher Dreh- und Angelpunkt

Kindertagesstätten sind heute nicht nur eine feste Konstante im Alltag vieler Familien, sie sind auch zentrale Orte in ihrem Kiez oder ihrer dörflichen Gemeinschaft. Die Kitas haben eine besondere Schlüsselrolle inne: Sie sind Orte, an denen Kinder und Eltern aus verschiedenen Lebenswelten zusammenkommen (Wippermann 2014). Auch über die Betreuung der Kinder sind Kitas oftmals Begegnungsorte, an denen Eltern, Familien, Anwohner und Ehrenamtliche zusammenkommen. Sie bilden Brücken zu anderen lokalen Institutionen: sei es die Bibliothek, ein Museum, der Kleingartenverein oder die örtliche Feuerwehr.

Nicht nur der digitale Wandel stellt Kitas vor immer neue Herausforderungen. Es gibt zahlreiche gesellschaftliche Entwicklungen, die das Aufwachsen von Kindern und damit auch die Erfahrungen, die sie mit in die Kita bringen, prägen. So ist Kindheit heute von einer zunehmenden Verinselung geprägt, die auch mit dem Medienwandel in einem Zusammenhang steht. Durch die wachsende Mobilität und Verbreitung städtischer Lebensformen spielt sich der Alltag immer mehr an vereinzelten, teilweise weit voneinander entfernten Orten ab. Dadurch verändert sich der Sozialraum von Kindern – verstanden als der subjektiv erlebte Raum, in dem sich der Mensch bewegt (vgl. Kergel 2020, S. 230). Wichtige Kontakte, zum Beispiel zu den Großeltern, halten auch Kita-Kinder bereits über digitale Medien. Während der Pandemie ist die Mediennutzung von Kindern und Jugendlichen angestiegen (Lienau/ Frense 2022; Cohen et al. 2020; Langmeyer 2020; Rathgeb 2020). Gerade für kleine Kinder stellte die Pandemie keine Ausnahmesituation dar, sondern die Welt, in der sie aufwachsen – und es ist noch unklar, ob und wie dies die Vorstellungen und Kognitionen von Kindern mittel- und langfristig verändert.

Sozialraumorientierte pädagogische Arbeitsformen zielen darauf ab, die Lebenswelt von Individuen so zu gestalten und sozialräumliche Ressourcen so zu nutzen, dass sich die Zielgruppe optimal entfalten kann (vgl. Kergel 2020). Das Potenzial, das Kitas als Orte der Begegnung und lokaler Vernetzung haben, machen sie auf ganz unterschiedliche

Weise nutzbar. So bietet eine Projektkita eine wöchentliche Krabbelgruppe an, zu der auch Familien kommen können, deren Kinder keinen Kita-Platz haben. Eine andere Kita ist als Familienzentrum besonders stark in der Nachbarschaft vernetzt und bietet Familien diverse Gelegenheiten, zusammenzukommen und Kontakte zu knüpfen: in speziellen Vater-Kind-Angeboten, Elterncafés, über Hilfsangebote unter Eltern (etwa Übersetzungen für nicht-deutschsprachige Eltern) sowie über Kooperationen mit Partnern wie der Musikschule, mehreren Sportvereinen, den Stadtteilmüttern, Museen etc. Das schafft ein besonderes Vertrauensverhältnis: „Als Familienzentrum sind unsere Eltern gewohnt, mit ihren Anliegen zu uns zu kommen".

Kitas sind nicht nur das erste Glied in der Bildungskette des Kindes, sie sind auch die erste Bildungsinstitution, mit der Eltern in ihrer Rolle als Erziehungsberechtigte in Kontakt treten. Diese Schlüsselposition der Kita birgt großes Potenzial: Denn die Erfahrungen, die Eltern im Austausch mit Fachkräften machen, können eine Grundlage für das Vertrauen bilden, welches sie in die folgenden Bildungsinstitutionen setzen.

3.4.2 Vernetzung und Austausch mit anderen Bildungseinrichtungen und lokalen Partnern

Nach dem strukturell-prozessualen Qualitätsmodell (vgl. Tietze et al. 1998; Tietze et al. 2005; Roux/ Tietze 2007) ist die Vernetzung der Kita ein wichtiger Qualitätsfaktor der Kindertagesbetreuung. Ein Baustein der Feldphase war es daher, ein Netzwerk zu schaffen, über das sich die Fachkräfte der Projektkitas untereinander austauschen und voneinander lernen können. In regelmäßigen Netzwerktreffen konnten sie sich über ihre Fortschritte, aber auch über die großen und kleinen Herausforderungen bei der Verankerung von Medienerziehung in ihrer Kita austauschen. Begleitend wurde eine Messenger-Gruppe etabliert, auf einem Padlet (einer Art digitalen Pinnwand) wurden Links und Informationen gesammelt.

In den Abschlussevaluationen wurde vonseiten der Projektkitas hervorgehoben, dass diese Austauschformate sehr wichtig für ihren Lernprozess waren. So betont ein Erzieher, dass der Austausch mit den anderen Kitas wesentlich dazu beigetragen hat, wichtige Weichen für den Projektverlauf zu stellen:

> *„Wie ist es gelaufen, welche digitalen Medien gibt es dort, welche kommen dort gut an, wie haben sich die Kinder darauf eingestimmt? Allein diese Erfahrungsberichte von den anderen Kitas mitzukriegen hat schon wesentlich geholfen, sich für das Richtige zu entscheiden."*

Ähnlich äußerte sich auch eine Fachkraft aus einer anderen Projektkita: „Ich fand bei den Netzwerktreffen toll, sich auch mit Kitas aus anderen Bundesländern auszutauschen. Man hat ja viele Sachen nicht auf dem Schirm. Durch den Austausch haben wir gemerkt, dass neue Geräte weniger wichtig sind, als wir dachten."

Austauschformate (wie die Netzwerktreffen im Rahmen des Projekts) können auf ganz unterschiedliche Weise etabliert und realisiert werden. Der Weg über den Träger liegt besonders nahe, um mit anderen Kitas in Kontakt zu treten, die sich mit ähnlichen Themen befassen. Doch auch andere lokale Partnerschaften können sehr hilfreich sein. So stand eine Wolfsburger Projektkita in engem Kontakt zu der örtlichen VHS und einem Medienzentrum. Die ersten medienpädagogischen Erfahrungen machte die Kita mit Leihgeräten der VHS. Besonders drastisch zeigte sich der Mehrwert der Kooperation, als bei der Einrichtung eingebrochen wurde und sämtliche technischen Geräte entwendet wurden. Mit der Unterstützung und Expertise der Partner konnte die Kita schnell reagieren und aus der Not eine Tugend machen, indem sie ihre technische Ausstattung überdachten und neu aufstellten. Die gleiche Kita holte sich auch bei der Planung und Durchführung eines Studientages Unterstützung bei blickwechsel e.V. – einem in Niedersachsen ansässigen medienpädagogisch tätigen Verein. Die lokalen Partnerschaften wurden also für unterschiedliche Zwecke genutzt: um Schwierigkeiten zu überwinden, Expertise einzuholen und in den inhaltlichen Austausch zu kommen.

Der medienpädagogische Verankerungsprozess läuft meist nicht gradlinig, sondern kann immer wieder ins Stocken geraten. In den Projektkitas geschah dies zum Beispiel, wenn es Änderungen in der zeitlichen Planung gab (etwa coronabedingt Studientage oder Elternabende abgesagt werden mussten), datenschutzrechtliche Fragen geklärt werden mussten, die angeschafften Geräte eingerichtet werden mussten oder es Unklarheiten mit dem Träger gab. Bei vielen Problemen kann die Einbeziehung von Netzwerkpartnern helfen, damit das Projekt nicht zum Erliegen kommt. Darüber hinaus muss digitale Bildung nicht ausschließlich in der Kita stattfinden. Mittlerweile besitzen etwa viele Bibliotheken und Museen ein großes Repertoire an digitalen Medienangeboten speziell für Kinder. Durch die Kooperation mit verschiedenen Partnern können Kitas ihr medienerzieherisches Repertoire ausbauen und sich wertvolle Impulse für die eigene Arbeit holen. Der Blick über den „eigenen Tellerrand" erweist sich so nicht nur für die Kinder, sondern auch auch für die Fachkräfte als bereichernd.

In der Broschüre „Digital lokal. Wie Medienerziehung vor Ort gelingen kann" beschreibt die Initiative Gutes Aufwachsen mit Medien die Bedeutung lokaler Netzwerke folgendermaßen: „Netzwerkarbeit zur Unterstützung eines guten Aufwachsens mit Medien zielt darauf ab, Kompetenzen der einzelnen Netzwerkpartner so zu kombinieren, dass sich deren Erfahrungen, Know-how und Kontakte optimal verbinden. So können auf lokaler Ebene neue oder bessere Angebote für Kinder, Jugendliche, Familien oder pädagogische Fach- und Lehrkräfte etabliert werden." (Gutes Aufwachsen mit Medien, 2019)

Mehrere Kitas tragen das im Projektverlauf erworbene Wissen weiter, indem sie an Konzepten für den Träger mitgearbeitet haben, als Konsultationskita für Medienpädagogik dienen, Vorträge halten oder in Austauschrunden mit anderen Kitas tätig sind. Eine Kitaleitung beschreibt, dass sie inzwischen zum Aushängeschild des Trägers in Bezug auf das Thema Digitale Medien geworden sind: „Wir sind froh, dass wir Vorreiter sind."

Lernen im Kontext. Das Kapitel in Kürze

Kitas haben eine besondere Schlüsselrolle inne: Sie sind Orte, an denen Kinder und Eltern mit verschiedenen kulturellen und sprachlichen Hintergründen zusammenkommen. Sie sind Begegnungsorte und bilden Brücken zu anderen lokalen Institutionen, wie z. B. Bibliotheken, Museen und Vereinen. Durch ihre zentrale Stellung in der Gesellschaft können sie die Lebenswelt von Kindern positiv beeinflussen und sie auch bei der Erschließung ihres Sozialraums unterstützen. Dafür ist es hilfreich, wenn sich Kitas mit anderen Kitas, Organisationen und lokalen Partnern vernetzen, sich mit diesen austauschen und gegenseitig unterstützen. Durch die Kooperation mit lokalen Partnern können sie sich zudem Unterstützung und wertvolle Impulse für die medienpädagogische Arbeit holen. Im Rahmen des Projekts „Medienerziehung im Dialog" boten hierfür die regelmäßigen Netzwerktreffen einen Anlass.

3.5 Zwischenfazit

Auf Basis der in Kapitel 3.1 bis 3.4 vorgestellten Erkenntnisse lässt sich das zu Beginn dieses Kapitels skizzierte idealtypische Modell für die Verteilung von Aufgaben innerhalb der Kita weiter spezifizieren (siehe Abb. 7). Wie in Kapitel 3.3 (Lernen im Kontext) dargelegt, kommt es bei der Zusammenarbeit zwischen Fachteam, Gesamtteam und Leitung auf das richtige Zusammenspiel von Top-down- und Bottom-up-Prozessen an. Dies lässt sich nur durch eine klare Verteilung von Zuständigkeiten, die Bereitschaft, sich gegenseitig zu unterstützen sowie eine Kultur der Wertschätzung und gegenseitigen Vertrauens auf allen Ebenen gewährleisten. Der Austausch von Erfahrungen und die Klärung von Zielen sowie die Erarbeitung eines geteilten Verständnisses von Medienerziehung tragen wesentlich dazu bei, dass die verschiedenen Akteur*innen der Lernenden Kita gut zusammenarbeiten und sich der Bildungsbereich nachhaltig in der Kita verankern lässt.

Abb. 7: Ausdifferenziertes idealtypisches Modell für die Zusammenarbeit von Leitung, medienpädagogischem Fachteam und Gesamtteam in einer Lernenden Kita.

Aus den Ausführungen in diesem Kapitel lassen sich zusammenfassend folgende *Gelingensbedingungen* für die erfolgreiche und nachhaltige Verankerung von Medienpädagogik in der Kita festhalten:

- **Zusammenspiel verschiedener Zuständigkeiten**: Top-down- und Bottom-up-Prozesse sollten in einem ausgewogenem Verhältnis stehen: Im Idealfall wird ein medienpädagogisches Fachteam gebildet, welches den Verankerungsprozess begleitet und von der Leitung unterstützt wird. Eine nachhaltige Verankerung von Medienpädagogik bedarf eines gemeinsamen Lernprozesses und einer offenen Teamkultur: Daher ist es wichtig, im Gesamtteam ein geteiltes Verständnis zu entwickeln und nicht nur Einzelpersonen mit der Umsetzung zu beauftragen.

- **Kompetenzerweiterung**: Team-Fortbildungen und Studientage, aber auch regelmäßige kleine Anregungen in Teamsitzungen sind zentraler Bestandteil der Beschäftigung mit neuen Inhalten. Wichtig ist, dass Fachkräfte einen geschützten Rahmen haben, um Neues auszuprobieren und Wissen durch Wiederholung zu festigen. Dabei gilt es, niedrigschwellig vorzugehen und keinen Zwang auszuüben, sondern durch gemeinsames Experimentieren und Freude am Lernen die Motivation der Fachkräfte zu stärken.
- **Haltung und gemeinsame Vision entwickeln**: Das Thema Medienerziehung sollte offen und wertschätzend im Gesamtteam diskutiert werden. Es ist wichtig, dass Berührungsängste und Sorgen ernst genommen werden. Gemeinsame Ziele zu definieren und im Konzept festzuhalten hilft dabei, den Bildungsbereich zu stärken und nachhaltig zu verankern. Dabei ist es hilfreich, sich am Profil und den pädagogischen Schwerpunkten der Kita zu orientieren.
- **Technische Ausstattung**: Die Technik orientiert sich am Konzept. Wenn geklärt ist, welche pädagogischen Ziele verfolgt werden sollen, kann die Auswahl der Geräte darauf abgestimmt werden. Dabei sollte auch der Wissensstand der pädagogischen Fachkräfte einbezogen und schrittweise vorgegangen werden. Somit kann verhindert werden, dass die angeschaffte Technik ungenutzt bleibt, da ihr Einsatz nicht geklärt ist.
- **Austausch und Vernetzung**: Die Kita hat eine gesellschaftliche Schlüsselrolle inne. Entsprechend ist es förderlich, Medienpädagogik im Zusammenspiel mit verschiedenen (lokalen) Partnern und mit einem sozialräumlichen Ansatz voranzutreiben, um voneinander zu lernen, sich zu unterstützen und übergreifende Konzepte zu erarbeiten.

Abb. 8: Fünf Gelingensbedingungen für eine nachhaltige Verankerung von Medienpädagogik in der Kita

4. Medienerziehung im Dialog von Kita und Familie

Der Dialog zwischen Fachkräften und Eltern zum Thema Medienpädagogik steht im Zentrum des Projekts und dieses Buchs. Ziel ist es, aufzuzeigen, wie frühe Medienerziehung als gemeinschaftliche Aufgabe und Herausforderung angegangen werden kann, um Kinder von Beginn an bei ihren Medienerfahrungen zu begleiten. In diesem Kapitel zeigen wir auf, warum der Austausch zwischen Eltern und Fachkräften besonders wichtig ist, was es dabei zu beachten gilt und wie der Dialog erfolgreich gestaltet werden kann.

Diverse Studien und Modellversuche zu medienpädagogischer Arbeit in der Kita heben die besondere Bedeutung der Erziehungspartnerschaft zwischen Kita und Eltern hervor: Wer die Qualität der Medienerziehung in der frühkindlichen Bildung verbessern möchte, sollte auch die Eltern bzw. Erziehungsberechtigten der betreuten Kinder systematisch mit einbeziehen (vgl. z.B. Theunert/ Demmler 2007; Grobbin 2016; Wagner et al. 2016; Anfang/ Demmler 2018; Bastian et al. 2018; Fleischer et al. 2018; Reichert-Garschhammer 2018; Schubert et al. 2018; Tilemann 2018; Kutscher/ Bischof 2020). Die Studie „Mobile Medien in der Familie" stellt fest:

> *„Medienerziehung im vorschulischen Alter ist eine Herausforderung für Eltern wie auch für pädagogische Fachkräfte in Kindertageseinrichtungen. Eine gute und vertrauensvolle Zusammenarbeit in Form einer Erziehungspartnerschaft scheint der Königsweg, um Kinder bei der Entwicklung eines souveränen Umgangs mit digitalen und mobilen Medien und dem Internet zu unterstützen." (Schubert et al. 2018, S. 44)*

Wenngleich die Forderung, dass Kitas und Eltern zum Thema Medien im Austausch stehen sollten, also keinesfalls neu ist, hat sich die Bedeutung und Tragweite während der Corona-Pandemie mit aller Deutlichkeit gezeigt. Während der Lockdowns stieg die Mediennutzung von Kindern erkennbar an (Cohen et al. 2020; Langmeyer et al. 2020; Rathgeb 2020); und auch für den Kontakt zwischen Kitas und Familien waren digitale

Kommunikationswege von essenzieller Bedeutung (Cohen et al. 2020; Lienau/ Frense 2022). Die Pandemie hat einmal mehr verdeutlicht, dass digitale Medien weder aus den ersten Lebensjahren noch aus Kindertagesstätten wegzudenken sind – und dass digitale Medien und frühe Bildung keinesfalls im Gegensatz zueinander stehen.

Die Einbeziehung der Familie – als zentraler Bildungsort der (frühen) Kindheit (Autorengruppe Bildungsberichterstattung 2020, BMFSFJ 2016) – wird vor allem aus Gründen der Nachhaltigkeit medienpädagogischer Bemühungen (etwa Theunert/ Demmler 2007) und der individuellen Förderung des einzelnen Kindes (Fröhlich-Gildhoff 2013) gefordert. Indem Fachkräfte für die heterogenen Hintergründe der Familien sensibel sind, kann in der Kita Ungleichheitsfaktoren schon früh entgegenwirkt werden (vgl. zu diesem Diskurs etwa Thon et al. 2018). Entsprechend der These des „Digital Divide“ werden Ungleichheiten durch den Einfluss digitaler Medien weiter verstärkt; so zeigt der Bildungsbericht, dass die digitalen Kompetenzen von Jugendlichen in Zusammenhang mit ihrer sozialen Herkunft stehen (Autorengruppe Bildungsberichterstattung 2020, S. 286). Kindertageseinrichtungen kann – indem sie die Medienkompetenzen von Kindern fördern und Eltern diesbezüglich Unterstützung bieten – „eine ausgleichende Rolle zukommen, wenn sie familiale Benachteiligungen hinsichtlich der Art der Nutzung von digitalen Medien kompensieren“ (ebd., S. 280).

Da Fachkräfte und Eltern fast täglich in Kontakt stehen, birgt die frühe Bildung ein hohes Potenzial, um dem viel besprochenen Präventionsdilemma entgegenzuwirken – dem „Problem der mangelnden Erreichbarkeit und unzureichenden Teilnahme von Personen, deren Lebensumstände durch verschiedene Belastungsfaktoren gekennzeichnet sind und die einen hohen Präventionsbedarf haben“ (Paul 2019, S. 4).

Des Weiteren bietet die Einbeziehung der Eltern die Möglichkeit, das Verhältnis zwischen Fachkräften und Eltern zu vertiefen (Wagner et al. 2016; Reichert-Garschhammer 2018). Entsprechend sehen Anfang und Demmler (2018) darin eine wesentliche Gelingensbedingung für die Umsetzung von Medienerziehung in der Kita.

Das in der pädagogischen Evaluations- und Qualitätsforschung hoch relevante strukturell-prozessuale Qualitätsmodell (vgl. Tietze et al. 1998; Tietze et al. 2005; Roux/ Tietze 2007) stützt diesen Fokus auf die Eltern und Familien. Es unterscheidet vier verschiedene Qualitätsbereiche in der frühkindlichen Bildung. Unter diesen wird (neben der Orientierungs-, Struktur- und Prozessqualität) der Bereich „Familienbezug und Vernetzung“ gesondert aufgeführt. Dadurch wird der Zusammenarbeit mit dem familiären Umfeld eine besondere Bedeutung zugeschrieben, aus der sich die Relevanz dieser Beziehung auch in Bezug auf medienpädagogische Themen ableiten lässt. Dem Modell liegt die Auffassung zugrunde, dass die vier Bereiche sich sowohl einzeln als auch im Zusammenspiel auf die Entwicklung von Kindern auswirken (vgl. Kluczniok et al. 2012).

Trotz der Bedeutung, die der Einbeziehung der Eltern in medienpädagogische Themen regelmäßig zugesprochen wird, gibt es noch wenig wissenschaftliche Erkenntnisse darüber, wie der medienerzieherische Dialog zwischen Kita und Familie ausgestaltet werden sollte und welche Formate sich hierfür besonders eignen. Da die Haltungen der Eltern in Bezug auf die kindliche Mediennutzung weit auseinandergehen (Lubitz/ Witting 2018), ist ein differenzierter Ansatz notwendig, um Eltern mit verschiedenen Hintergründen, Sichtweisen und Bedarfen einzubeziehen und gezielt unterstützen zu können.

Nachdem sich das vorige Kapitel mit der Frage beschäftigt hat, welche Strukturen nötig sind, um Medienerziehung nachhaltig in der Kita zu verankern, soll hier der Frage nachgegangen werden, wie der medienerzieherische Dialog zwischen Kita und Familie gelingen kann.

Hierfür soll zunächst aufgezeigt werden, welche unterschiedlichen Funktionen Digitale Medien im Familienalltag einnehmen, welche Probleme, Ängste und Bedarfe Eltern haben und welches Verständnis sie von dem Bildungsbereich Digitale Medien haben.

Dieses Hintergrundwissen bildet die Grundlage für den Dialog zwischen Fachkräften und Eltern, der sich eng an den Bedarfen der individuellen Familien orientiert. Darauf aufbauend werden praktische Handlungsempfehlungen gegeben, wie dieser Dialog ausgestaltet sein kann und welche Vorgehensweisen und Rahmenbedingungen sich bewährt haben, um einen intensiven Austausch zu ermöglichen. Am Ende des Kapitels werden einige Praxisbeispiele für kreative Dialog- und Austauschformate zum Thema Digitale Medien angeführt.

4.1 Die Bedeutung von Medien im familiären Kontext

4.1.1 Die Heterogenität der Elternschaft: Zwei Fallbeispiele

Kitas haben eine Schlüsselposition inne, an der Eltern mit unterschiedlichen sozialen, kulturellen und sprachlichen Hintergründen zusammenkommen (Wippermann 2015). Die familiären Konstellationen, in denen Kinder heute aufwachsen, sind zunehmend heterogen und von Pluralisierungsprozessen geprägt (Autorengruppe Bildungsberichterstattung 2018, 2020). Um den verschiedenen Bedarfen gerecht werden zu können, bedarf es eines erhöhten Maßes an Sensibilität für die Hintergründe der Eltern (Redecker 2014). Das gilt auch für die Bedarfe, die sich hinsichtlich ihrer häuslichen Mediennutzung und -erziehung ergeben.

Wie die Digitalen Sinus-Milieus der Internetnutzenden (Sinus Institut 2018) zeigen, unterscheidet sich die Mediennutzung in der Gesellschaft – und damit auch unter Eltern – stark. Darüber hinaus verfolgen Eltern sehr unterschiedliche Medienerziehungsstile. Während in ressourcenbenachteiligten Familien teilweise ein kritisch-reflexiver Umgang mit Medien fehlt (Kutscher/ Schäfer-Biermann 2018) und Medien für die Entwicklung des Kindes keine bedeutende Rolle beigemessen wird (Düssel 2010), zeigen sich in Familien mittlerer und oberer sozialer Schichten tendenziell „sehr starke Kontrolltendenzen und eine mangelnde Berücksichtigung der positiven Fördermöglichkeiten von digital-interaktiven Medien in der frühen Kindheit." (Lubitz/ Witting 2018, S. 199). Während also manche Familien die Notwendigkeit einer medienerzieherischen Betreuung nicht in Betracht ziehen und Kindern „grenzenlos, unkontrolliert und unbegleitet Zugang zu Medien gestatten" (Lubitz/ Witting 2018, S. 199), haben andere Familien oftmals ein nur sehr eingeschränktes Verständnis von Medienerziehung, das sich auf die zeitliche Regulierung und Kontrolle der Mediennutzung beschränkt.

Eggert et al. (2021) und Wagner et al. (2013) schlagen verschiedene Typisierungen medienerzieherischen Verhaltens von Eltern vor, welche die Bandbreite an Haltungen aufzeigen. Im Folgenden soll an zwei Beispielen illustriert werden, wie stark sich die medienerzieherischen Ansätze und Bedarfe von Eltern unterscheiden können. Die Beispiele stammen aus insgesamt mit 14 Eltern geführten Fokusgruppengesprächen bzw. Elterninterviews, die im Rahmen des Projekts „Medienerziehung im Dialog" geführt wurden (siehe Kapitel 1.2).

Fallbeispiel 1: alleinerziehende Mutter (24 Jahre) von zwei Kindern (5 und 2 Jahre), kein Schulabschluss

Die Mutter ist selbst nur wenig medienaffin, sie nutzt zwar ein Smartphone und soziale Medien, sagt aber: „Nee, also mit dem Internet kenn ich mich nicht wirklich aus, da muss ich immer meinen Partner fragen." Pauschalisierende Aussagen über den Inhalt von Nachrichten und zu politischen Entscheidungsträger*innen deuten auf eine geringe Informationskompetenz. Über die Mediennutzung der Kinder berichtet sie, dass vor allem ihre ältere Tochter viel Fernsehen guckt (scheinbar v.a. über Streamingdienste), sowohl vor als auch nach der Kita. Sie bewertet dies zwiegespalten: Fernsehen in Maßen findet sie in Ordnung, außerdem hilft ihr der Fernseher dabei, den Alltag als alleinerziehende Mutter zu bewältigen, da sie sich in der Zeit um den Haushalt kümmern kann: „Ja, also wenn ich den Fernseher nicht an hab, dann ist dann nur Chaos pur." Auf der anderen Seite sind ihr die Inhalte aber oft zu kindisch und zu wenig darauf ausgerichtet, dass die Kinder daraus etwas lernen. Die Mediennutzung ihrer Tochter sorgt immer wieder für Konflikte:

> *„Sie vom Fernseher wegzukriegen ist echt extrem schwer, da rasseln wir öfters mal ein bisschen zusammen."*

Die Tochter, welche eine Lernschwäche hat, werde oft aggressiv oder schreie, womit die Mutter überfordert ist. Die Interviewpartnerin führt dies unter anderem auf das Fernsehprogramm zurück: „Also manchmal kommt sie von der Kita, da ist sie schon leicht gereizt, da darf man sie auch nicht wirklich provozieren. Und wenn sie das babyhafte Verhalten und die Sprache [im Fernsehen, Anm. d. Verf.] hört, dann schreit sie mich an."

Klare Mediennutzungsregeln gibt es nicht, wenn überhaupt wird situativ eingeschränkt. Die Mutter scheint in ihrem Handeln unsicher: Meist versteckt sie die Batterien aus der Fernbedienung, um den Konflikt zu vermeiden. Sie versucht, in Anwesenheit der Kinder ihr eigenes Smartphone nicht oder nur wenig zu benutzen – darüber hinaus ist jedoch eher kein Bewusstsein für die Notwendigkeit von Medienerziehung vorhanden; sie würde den Fernseher am liebsten „abklemmen und wegstellen". Aushandlungsprozesse oder eine begleitete Mediennutzung finden nicht statt – die Mutter gibt an, selbst kein Interesse am Fernsehprogramm zu haben. Die Tochter sucht sich ihre Sendungen eigenständig aus, womit die Mutter jedoch nicht zufrieden ist, aber auch nur selten regulierend eingreift: „Sie soll halt nicht so babyhafte Filmchen gucken, weil sie kommt nächstes Jahr in die Schule und dann soll sie schon mehr im Kopf haben."

Die Interviewte ist nicht der Meinung, dass digitale Medien für Kinder auch Lernmöglichkeiten bieten: „Ganz ehrlich, sie lernen da nur Blödsinn. Sie sollen lieber in die Bücher rein gucken, es gibt ja Kinderbücher, wo sie ein bisschen lernen können. Halt mal raus in die Natur – das ist schon das Wichtigste." Unter Medienerziehung in der Kita versteht sie zunächst, dass die Eltern darin unterstützt werden, die Mediennutzung zu Hause stärker einzuschränken. Auf konkrete Beispiele kreativer oder gestalterischer Medienpädagogik reagiert sie dennoch positiv: „Also ich find's interessant für die Kinder, da lernen sie mal ein bisschen was und dann wissen sie auch in der Schule ein bisschen mehr."

Die Mutter drückt aus, dass sie Unterstützungsbedarf hinsichtlich der häuslichen Mediennutzung und -erziehung hat. Sie ist allerdings sehr zögerlich, den Fachkräften in ihrer Kita von den Problemen mit ihrer Tochter zu erzählen, da sie in der Vergangenheit die Erfahrung gemacht hat, dass Informationen im Team weitergereicht wurden: „Ich behalt das lieber für mich und dann weiß ich ganz genau, dass es keiner weiß." Sie hat jedoch mit einigen Erzieherinnen ein gutes Verhältnis, während der Austausch mit anderen Eltern schwierig ist, da sie sich von ihnen nicht ernstgenommen fühlt: „Die tun öfter mal so, als wären sie was Besseres. Bisschen hochnäsig, sag ich jetzt mal so." Sie wünscht sich von der Kita Tipps und Empfehlungen für die elterliche Medienerziehung, am liebsten im persönlichen Kontakt oder über einen Elternabend. Zusätzlich würde sie Hinweise auf gute Fernsehangebote schätzen, auch ausgerichtet an den Themen, die die Kinder aktuell in der Kita behandeln. Sie würde es begrüßen, ihre Tochter etwa an einem Filmprojekt mitwirken zu sehen.

Fallbeispiel 2: Vater (42 Jahre) einer Tochter (3 Jahre), akademisch ausgebildet

Der Vater ist selbst im Tech-Bereich tätig und entsprechend digital affin: „Ich kenne die analoge Welt von früher und ich kenne die digitale von heute und ich sage, heute ist besser." Der Haushalt verfügt über diverse digitale Geräte, von denen einige spezifisch für das Kind angeschafft wurden, u.a. einen 3D-Drucker, eine Toniebox und ein iPod Touch, mit dem die Tochter Musik hören, Fotos machen und ausgewählte Spiele spielen kann; der Vater hat der Tochter ein eigenes Apple-Konto mit entsprechenden Sicherheits- und Filterfunktionen eingerichtet, damit sie selbstständig auf das Gerät zugreifen kann. Für die häusliche Mediennutzung gibt es Regeln, etwa, dass die Eltern ihr Handy nicht mit in das Kinderzimmer nehmen.

Der Vater legt großen Wert darauf, der Tochter die Vielfalt digitaler Medien schon im jungen Alter nahezubringen. Er hat Angst, dass sie sonst abgehängt wird:

> *„Das ist mir auch wichtig, dass sie nicht dumm auf der Strecke bleibt. Sie soll lieber vorher wissen, wie was geht, statt hinterher nur blöd zu gucken."*

Entsprechend informiert er sich regelmäßig bei der Kita-Leitung, mit welchen Tools gerade in der Kita gearbeitet wird, damit er diese für zu Hause anschaffen und seine Tochter weiter fördern kann: „Wenn man sich als Elternteil nicht mit der digitalen Welt beschäftigt, dann hat man schon verloren." Als Betriebskita eines Technologieunternehmens legt die Kita einen besonderen Fokus auf frühe digitale Bildung. Der Vater sieht darin eine zentrale Aufgabe der Bildungseinrichtungen: „Ich finde das erschreckend, dass man zu Hause 10-mal besser aufgestellt ist als in der Schule."

Dem Vater macht es große Freude, die Fortschritte seiner Tochter zu beobachten: „Wir haben jetzt das erste Mal „Die Eiskönigin" geguckt, von Anfang bis Ende. Sie bleibt jetzt eine Stunde da sitzen und verfolgt ganz gespannt die Geschichte. Sie singt jetzt auch das Elsa-Lied [aus dem Film, Anm. d. Verf.]. Wir nehmen es dann auf und ich schicke es im Familienchat rum, das macht schon total Spaß."

Von der Kita wünscht er sich eine stärker digital ausgerichtete Kommunikation, um schneller und intensiver über die Vorkommnisse in der Einrichtung informiert zu werden – auch wenn er als Elternvertreter bereits alle zwei Tage mit der Leitung telefoniert: „Ich find's ganz, ganz wichtig, dass man diesen Anschluss an die Kita hat".

4.1.2 Funktionen von digitalen Medien im Familienalltag

Wie in den zwei Fallbeispielen deutlich wurde, gehen die medienerzieherischen Vorstellungen und Aktivitäten von Eltern sehr stark auseinander. Digitale Medien nehmen im Familienalltag diverse Funktionen ein (vgl. dazu auch die ausführliche Studie von Eggert et al. 2021). Dies zeigen die Aussagen der Eltern in den Interviews und Fokusgruppen.

Zusammengefasst ist evident, dass digitale Medien in vielen Familien als Mittel zur Bewältigung des Alltags und Entlastung der Eltern eingesetzt werden, indem die Kinder für einen bestimmten Zeitraum beschäftigt sind und die Eltern Zeit für andere Tätigkeiten haben (Haushalt, Essenszubereitung, während der Corona-Lockdowns auch verstärkt die berufliche Tätigkeit oder das Studium im Home-Office). Auch wenn Kinder krank sind oder sich in einer unangenehmen Situation befinden (Haare schneiden, Inhalieren, Zähneputzen o.Ä.), werden digitale Medien regelmäßig als Hilfsmittel eingesetzt, um das Kind abzulenken. Zudem dienen sie Eltern auch, um Ruhephasen zu generieren, zum Beispiel damit sie am Wochenende länger schlafen können.

Darüber hinaus erfüllen digitale Medien aber noch viele andere Funktionen, die wesentlich mit dem „Doing Family" (als aktivem Gestaltungsprozess von Familie; Jurczyk 2014) in Verbindung stehen. So dient Mediennutzung etwa zur Herstellung von Gemütlichkeit, insbesondere abends, im Herbst und Winter oder bei Regen. Von vielen Eltern wird es als „Highlight" beschrieben, am Wochenende gemeinsam einen Filmabend zu veranstalten. Rituale nehmen eine wichtige Funktion ein, etwa das abendliche *Sandmann*-Gucken. Auch schauen sich Eltern mit ihren Kindern Fotos und Videos an, um sich an gemeinsame Erlebnisse oder Urlaube zu erinnern. Besonders wichtig ist in vielen Familien auch die Videotelefonie, um die Beziehung des Kindes zum Beispiel zu den Großeltern zu fördern. Auch gemeinsame Hobbys und Interessen von Eltern und Kindern (z.B. Fußball) werden über digitale Medien betrieben, eine Mutter beschreibt eine bestimmte Familientradition: „Bei meinem Mann in der Familie – der Großvater ist Biologe – gibt es diese Tradition, dass man Tierfilme zusammen guckt. Und für meinen Mann ist es einfach eine sehr positive Erfahrung mit [unserem Sohn], dann sich mal so einen Tierfilm anzugucken" (Mutter, 42 Jahre).

Einige Eltern nutzen digitale Medien, um bestimmte Interessen der Kinder zu fördern (etwa, indem sie über digitale Medien malen oder Musik machen) sowie zur Wissensvermittlung und als Lernmöglichkeit. Ebenso werden digitale Medien von Eltern zu Belohnungszwecken eingesetzt, etwa, nachdem bestimmte Aufgaben von den Kindern erledigt wurden.

4.1.3 Probleme und Herausforderungen

Die Mediennutzung in der Familie stellt die Eltern vor viele Herausforderungen und Probleme. Das betrifft z.B. Konflikte mit den Kindern, die sich ergeben, wenn Medienzeiten begrenzt oder aufgestellte Regeln durchgesetzt werden. Konsequent zu bleiben fällt vielen Eltern schwer, insbesondere, wenn die Kinder weinen, schreien oder aggressiv werden. In mehreren Interviews schildern Eltern die Beobachtung, dass ihre Kinder so gefesselt von den Inhalten sind, dass sie kaum noch ansprechbar sind. Ebenfalls herausfordernd ist es für Eltern, wenn sie ihre Kinder als „überreizt" von den rezipierten Inhalten wahrnehmen.

In mehreren Familien ergeben sich Problemsituationen, die auf das unterschiedliche Alter von Geschwisterkindern zurückzuführen sind, zum Beispiel weil das jüngere Kind früher mit bestimmten Inhalten in Kontakt kommt und sich Regeln schwerer durchsetzen lassen, aber auch, weil es schwer ist, Sendungen oder Filme zu finden, die für die gesamte Familie interessant sind und gemeinsam angeguckt werden können.

Viele Eltern sind zudem unsicher, wie ein guter Umgang mit Medien aussieht. Die Auswahl der Inhalte, Aufstellung von (Zeit-)Regeln oder „Dosierung" von Medieninhalten wird als schwierig empfunden. Insgesamt werden viele Inhalte nicht als „wertvoll" oder „kindgerecht" erachtet, sondern als zu hektisch oder gewalthaltig, ohne Lernpotenziale für das Kind. Frustriert zeigen sich mehrere Eltern davon, dass technische Filtereinstellungen nicht immer wie angegeben funktionieren.

Ein wesentlicher Stressfaktor ist bei vielen Eltern, dass sie ein schlechtes Gewissen und Schamgefühle bezüglich der Mediennutzung ihrer Kinder empfinden. Dies tritt insbesondere ein, wenn sie ihre Kinder vor den Geräten „parken" (müssen), um andere Dinge zu erledigen oder sich selbst zu entlasten. Viele Eltern beschreiben, dass sich einige Situationen im Alltag nicht anders bewältigen lassen (insbesondere während der Corona-Lockdowns) und empfinden dies als unbefriedigend.

Viele Eltern machen sich auch Vorwürfe, weil sie ihre eigene Mediennutzung in Anwesenheit der Kinder nicht so stark einschränken, wie sie es für richtig erachten. Für viele Eltern stellt es ein Ideal dar, sich ganz auf die Kinder zu konzentrieren und eigene Geräte möglichst nur in ihrer Abwesenheit zu nutzen. Diesem Ideal entsprechen sie im Alltag häufig jedoch nicht, was sie sich kritisch anlasten, insbesondere, wenn die Kinder die damit verbundene Ablenkung der Eltern ausnutzen oder selbst die Geräte nutzen wollen.

Übergreifend betrachtet empfinden nicht alle Eltern die Mediennutzung und -erziehung ihrer Kinder als gleichermaßen belastend. Hier sind große Unterschiede zu beobachten. Insbesondere Eltern, die ihre eigene und/oder die Mediennutzung des Kindes sehr stark regulieren, berichten von herausfordernden Situationen.

4.1.4 Ängste und Sorgen von Eltern

Sowohl im Hinblick auf die Fachkräfte (siehe Kapitel 3.2.3) als auch auf die Gruppe der Eltern ist es wichtig, ihre Sorgen und Ängste zu verstehen, um in einen konstruktiven Austausch miteinander zu kommen.

In Bezug auf die Mediennutzung und -erziehung der Kinder formulierten die interviewten Eltern diverse Ängste und Sorgen, die auch ihr erzieherisches Handeln prägen.

Zentral sind die körperlichen und psychischen Auswirkungen auf das Kind, die sie im Zusammenhang mit einer übermäßigen Mediennutzung sehen. Genannt werden Suchtrisiken, die Förderung von gewalttätigem Verhalten, eine Verschlechterung der Sehkraft, kognitive Einschränkungen sowie die Auswirkungen mangelnder Bewegung oder zu starker Reize, welche das Kind nicht verarbeiten kann. Ein Vater sagt:

> *„Kinder sind so sensibel mit den Dingen. Deswegen haben wir den Fernseher eigentlich schon vor der Schwangerschaft abgeschafft, weil wir gesagt haben, schon im Babybauch wird sie das alles mitkriegen und das wollten wir eigentlich nicht." (Vater, 50 Jahre).*

Auch der Gedanke, dass ihre Kinder mit bestimmten Online-Risiken in Berührung kommen, verängstigt Eltern. Sie nennen u.a. den Kontakt zu fremden Menschen, zu ungeeigneten Inhalten, dass die Kinder selbst sensible Daten preisgeben oder Cyber-Mobbing ausgesetzt sind.

Des Weiteren haben Eltern Angst vor einer Dominanz digitaler Medien, die andere Dinge überschattet: etwa, dass die Kinder nur noch auf die Geräte fixiert sind, keine anderen Interessen mehr haben und nicht lernen, sich ohne digitale Geräte zu beschäftigen bzw. mit anderen Kindern zu spielen.

Eltern, die die Mediennutzung des Kindes sehr stark einschränken und regulieren, haben häufig Angst davor, diese Kontrolle mit steigendem Alter des Kindes und zunehmend selbstständiger Mediennutzung zu verlieren. Eltern, die die Medienkompetenzen des Kindes sehr stark fördern, äußern wiederum die Angst, dass das Kind „abgehängt" werden könnte. Sie haben Sorge, dass das Kind nicht mit der technologischen Entwicklung mithalten kann und dadurch später etwa Nachteile auf dem Arbeitsmarkt hat oder mit Online-Risiken konfrontiert wird, ohne erlernt zu haben, mit diesen kompetent umzugehen.

4.1.5 Bedarfe von Eltern

Aus den Elterninterviews und Fokusgruppen lassen sich fünf zentrale Bedarfe ableiten:

- Wissen und Kenntnisse zu „guter" Mediennutzung bzw.-erziehung

Einige Eltern sind sich dessen bewusst, dass gezielte Medienerziehung sinnvoll wäre und würden diese auch gerne umsetzen, haben aber keine Vorstellung davon, wie dies aussehen könnte: „Also aktuell machen wir ja nur Unterhaltung sozusagen, aber keine Erziehung, da möchte ich aber definitiv hin, das ist meine Erwartung und da fehlt mir aktuell so die Vorgehensweise, Methoden und was für Apps es so gibt. Da wäre ich für jeden Tipp dankbar" (zweifacher Vater, 45 Jahre). Sie wünschen sich Kenntnisse darüber, wie digitale Medien „sinnvoll" und entwicklungsgerecht eingesetzt werden können. Mehrere Eltern sagen, dass ihnen die Kapazitäten fehlen, um sich im Internet oder über andere Wege zu informieren oder auch spezifische Kenntnisse zu erwerben (z.B. im Programmieren), um die Kinder entsprechend fördern zu können: „Jetzt zum Beispiel in der Coronazeit, da gab es ganz viel Tipps, was man zum Beispiel alles nutzen kann mit den Kindern, das fand ich wirklich wertvoll, weil ich sag mal, ich hab keine Zeit mich da überall reinzuarbeiten und zu suchen" (dreifache Mutter, 36 Jahre). Explizit wünschen sie sich Empfehlungen für Apps, über die die Kinder etwas lernen können, sowie für gute Sendungen oder Filme, die ggf. auch an die Themen, die aktuell in der Kita behandelt werden, anknüpfen. Auch Angebote wie Kindersuchmaschinen sind oft nicht bekannt, außerdem sind sich viele Eltern unsicher, wie man Geräte kindersicher einstellt. Darüber hinaus wird der Bedarf nach realistischen Orientierungsrichtlinien und Empfehlungen bezüglich einer angemessenen Bildschirmzeit geäußert. Eine Mutter schildert, dass sie sich im Internet dazu informiert hätte, die gefunden Informationen aber nicht mit ihren Alltagserfahrungen übereinstimmten: „Da mach ich einfach oft die Erfahrung, das passt jetzt irgendwie nicht und ich hab ganz andere Probleme. Was mach ich jetzt, wenn ich ausmache und dann kommt der Wutanfall. Das steht da ja nicht. [...] Da stehen dann immer so Zahlen wo man denkt, okay, das ist jetzt sehr wenig. Also bei uns war es immer doppelt viel irgendwie.“ (Mutter eines Kindes, 42 Jahre)

- Offener Austausch

Eltern äußern einen starken Bedarf nach Austausch zu medienerzieherischen Themen. Sie erleben dies – auch im Austausch mit anderen Eltern – als tabuisiert:

„Ich sprech das immer wieder an mit den Medien. Ich weiß von meinen Freundinnen, dass es auch viele gibt, die wollen da gar nicht drüber reden. Also denen ist das so unangenehm, dass sie es selbst nicht im Griff haben oder keine Ahnung. Dass man einfach mal auch erfährt, wie ist es denn bei den anderen.“ (Mutter, 42 Jahre)

Sie haben das Gefühl, dass andere Familien zwar mit ähnlichen Problemen zu kämpfen haben, aber auch vor anderen Hemmungen haben, dies offen zuzugeben. Dies beschreibt auch eine Mutter: Sie äußert zwar den Wunsch, „dass ich da mal offen und ehrlich mal drüber sprechen kann“, aber auch die Sorge, dass Informationen ungefragt weitergereicht werden, sowohl unter Erzieherinnen, als auch unter Eltern: „Nee, das geht gar nicht. Dann weeß es jeder. Das ist dann schon ‘n bisschen... peinlich, sag ich mal, wenn man sowas dann sagt“ (zweifache Mutter, 24 Jahre).

- Geteilte Verantwortung

Die meisten Eltern empfinden frühe Medienerziehung zunächst als ihre Aufgabe – reagieren aber positiv auf den Gedanken, nicht alleine dafür zuständig zu sein: „Ja, doch klar, wär schön, wenn man den Kindern beibringt, dass sie verantwortungsvoll mit den Medien umgehen, von seiten der Kita. Das wär natürlich prima. Weil wir als Eltern sind ja meistens die Buhmänner, die den Kindern das Tablet wegnehmen oder eben den Fernseher ausschalten“ (zweifache Mutter, Alter nicht angegeben). Mehrere Eltern sagen, dass sie dies als Entlastung empfinden würden, insbesondere, weil sie in ihrem eigenen Handeln unsicher sind, häufig mit den Kindern in Konfliktsituationen geraten oder sie es als unzureichend empfinden, wenn sie digitale Medien eher zu Unterhaltungszwecken einsetzen, weniger aber, um die Kinder aktiv zu fördern. Eine Mutter beschreibt ihren Bedarf folgendermaßen:

„Bisher ist es immer nur unsere Aufgabe als Eltern, niemand anders guckt, was die Kinder mit den Medien machen. Wir machen es zwar informiert, aber auch intuitiv. Und das wäre ja fast eine Entlastung für uns, wenn man sagen könnte, da gibt es auch eine Medienerziehung, wo

> *man auch was lernt sozusagen, vielleicht sogar objektive Fakten darüber oder keine Ahnung. Also dass ich so das Gefühl habe, okay, dann liegt diese Aufgabe eben nicht nur bei den Eltern. [...] Es ist schon krass, wie alleine man mit dem Thema eigentlich als Eltern ist." (Mutter, 42 Jahre)*

Während vereinzelt Zweifel daran aufkommt, ob die pädagogischen Fachkräfte (aktuell) die nötigen Kompetenzen haben, um mit den Kindern medienpädagogisch zu arbeiten, betonen mehrere Eltern, dass sie die Kita als geeigneten Partner für die Thematik sehen. Sie drücken ihr Vertrauen gegenüber den Fachkräften aus und schreiben ihnen eine pädagogische Expertise zu, über die sie selbst nicht verfügen:

> *„Ich hätte einfach mehr Vertrauen drin. Man hat in der Kita einfach mehr Zeit, das auszutesten. Ich hab mehr Kinder, ich hab mehr Zeit. Ich hab den pädagogischen Hintergrund als Erzieher, ich weiß ganz anders einzuschätzen, wie so eine App auf Kinder wirkt. Ich hätte definitiv ein viel besseres Gefühl als Elternteil" (zweifacher Vater, 45 Jahre).*

Darüber hinaus betonen zwei Mütter, dass ihre Kinder sehr enge Beziehungen zu den Fachkräften haben und sie von ihnen viel mitnähmen: „Also ich hab das Gefühl bei meinen Kindern, dass die bei Erziehern oder anderen Leuten einfach besser zuhören, einfach besser verstehen. Weil Zuhause ist halt Mama" (zweifache Mutter, Alter nicht angegeben).

- Informationen zu den medienpädagogischen Angeboten der Kita

Viele Eltern sagen, dass sie gerne genauer wüssten, wie in der Kita medienpädagogisch gearbeitet wird. Damit verbunden ist der Gedanke, die aktuellen Themen auch zu Hause aufgreifen zu können. Einige sprechen sich dafür aus, Medienerziehung als „Gesamtkonzept" anzugehen: über Fachkräfteschulungen, Infoabende und Gespräche mit und zwischen Eltern. „Das finde ich auch ganz wichtig, wenn man die Eltern da mitnehmen will, bei so 'nem Thema, dann muss man denen auch sagen, was man da tut und wie das auch von den Kindern angenommen wird" (dreifache Mutter, 36 Jahre). Eine Mutter betont, dass sie gerne um ihr Einverständnis gefragt werden möchte, wenn in der Kita Tablets oder ähnliche Geräte genutzt werden würden:

> *„Es hieß irgendwo, in der einen Etage gibt es ein Spieltablet, da war ich ganz überrascht, weil ich der Meinung war, dass das in der Kita noch gar kein Thema ist. Mein erster Gedanke war, oh mein Gott, wenn die jetzt aus der Kleingruppe in die große Gruppe kommt, dann haben die da so ein Tablet liegen und das will ich ja gar nicht, wie kann ich verhindern, dass mein Kind zu viel Medieneinfluss hat, den ich nicht mehr kontrollieren kann." (Mutter, 39 Jahre)*

Darüber hinaus sagen mehrere Eltern, dass sie sich freuen würden, ihre Kinder an Medienprojekten wie etwa Filmen mitwirken zu sehen oder damit bereits positive Erfahrungen gemacht haben.

■ Einheitliche politische Vorgaben

Einige Eltern betonen darüber hinaus, dass sie es begrüßenswert fänden, wenn frühe Medienerziehung politisch klar verankert und gefordert würde. Sie fordern, dass die Bildungseinrichtungen auf die Zeichen der Zeit reagieren: „Es rennt ja keiner heute mehr in die Bücherei, um sich ein Buch zu holen. Man googelt das schnell, man guckt im Wikipedia-Eintrag nach" (Vater, 42 Jahre). Dies sollte einheitlich geschehen, damit die Medienkompetenzen von Kindern nicht von dem Kenntnisstand der Eltern abhängen:

> *„Das Thema wird immer wichtiger sein später auf der Arbeitsebene. Und ich finde, dass nur, weil sich einzelne Eltern etwas mehr damit beschäftigen als andere Eltern, manche Kinder einen Nachteil haben. Es darf kein Zufallsprodukt sein, sondern es muss wirklich für alle einheitlich in den Einrichtungen vermittelt werden" (zweifacher Vater, 45 Jahre).*

4.1.6 Elterliches Verständnis von Medienerziehung in der Kita

Auffällig ist, dass die Mehrzahl der interviewten Eltern keine oder nur eine ungenaue Vorstellung davon hat, wie eine gezielte Medienerziehung in frühkindlichen Bildungseinrichtungen aussehen könnte. Teilweise beschreiben die Eltern, dass sie sich einen „bewussten", „ausgewogenen" oder „vernünftigen" Umgang mit Medien vorstellen, unter der Einhaltung klarer Regeln. Einige Eltern stellen sich darunter auch einen Gegenpol zu der häuslichen, meist konsumorientierten Nutzung vor, ohne jedoch ein genaues Bild vor Augen zu haben, wie dies aussehen könnte: „Was ist alles möglich, außer Serien gucken und daddeln?" (zweifacher Vater, 45 Jahre).

Die Ergebnisse decken sich mit denen aus der vollstandardisierten Online-Befragung, an der 154 Eltern aus den Projektkitas teilgenommen haben. Auf die Frage, wie sie zu Medienerziehung in der Kita stehen, gibt knapp die Hälfte an, diese wichtig zu finden, nur jede*r Zehnte steht dem Thema skeptisch oder ablehnend gegenüber. Jedoch können fast drei Viertel der Eltern kein Beispiel für gute Medienerziehung in der Kita geben. Die genannten Beispiele (n = 38) zeigen, dass die Befragten eher basierend auf ihren Alltagserfahrungen (die sich im Wesentlichen auf Regulierung und Einschränkung der kindlichen Mediennutzung beziehen) auf das Thema blicken. Sie erwarten vor allem den (zeitlich) eingeschränkten Einsatz von Medien z.B. zwecks Wissensvermittlung (in Form von Lernspielen o.ä.).

In den Interviews und Fokusgruppen wurde anhand von Fotos[6] näher erläutert, wie Medienerziehung in der Kita genauer aussehen könnte. Hierauf reagierten – bis auf eine Mutter – alle Eltern positiv, teilweise sogar begeistert. Eine Mutter sagte: „Sowas würde

6 Dargestellt waren drei Situationen: 1) Kinder kochen und fotografieren den Prozess mit einem Tablet, um daraus im Nachhinein ein Kochbuch zu erstellen. 2) Unter einer sogenannten „Dokumentenkamera" (eine Art digitaler Overhead-Projektor) liegt eine aufgeschnittene Zwiebel. Die Kinder betrachten gemeinsam das Bild der Zwiebel, welches groß an eine Wand projiziert wird. 3) Zwei Kinder steuern über ein Tablet einen kleinen Roboter.

ich total befürworten. Das mein ich, dass die Kinder eben nicht nur Videos gucken so, sondern wirklich bewusst mit Medien umgehen und da auch lernen. Ja, mega!" (Mutter, Alter nicht angegeben). Eine andere reagierte folgendermaßen: „Also das ist für mich großartig, das sieht super aus. Also wenn wir solche Anlagen bei uns [in der Kita] hätten, dann wäre ich total begeistert." (Mutter, 42 Jahre). Positiv hervorgehoben wurden die sich daraus ergebenden Lernpotenziale, der Spaß für die Kinder, die eigenständige Nutzung der Geräte durch die Kinder, die gemeinsame Nutzung der Geräte (in der Gruppe und unter Begleitung einer Fachkraft) und die Kombination verschiedener Bildungsbereiche sowie analoger und digitaler Inhalte. Nur eine Mutter steht dem Thema stark ablehnend gegenüber und plädierte für eine „medienfreie" Kita: „Ja, ich glaub es ist schwierig diese Gratwanderung, wo nimmt es überhand und wo kehren wir auch mal zurück zu diesem kindgerechten Spielen, also kindgerecht aus *meiner* Zeit, aus *meiner* Kindheit, von wegen: ‚Guck mal, hier sind Bausteine, bau einen Turm'" (Mutter, 39 Jahre).

Auffallend ist, dass die Haltung der Eltern gegenüber kindlicher Mediennutzung und -erziehung vom Alter ihrer Kinder abhängt. In der vollstandardisierten Online-Befragung geben insbesondere Eltern mit kleinen Kindern an, Medien im Alltag vermeiden zu wollen. Bei Eltern von dreijährigen Kindern sagt dies jedoch nur noch die Hälfte der Eltern – der Anteil nimmt mit steigendem Alter der Kinder sukzessive ab und liegt bei Eltern von Sechsjährigen nur noch bei ca. 12%. Diese Haltungsveränderungen werden auch in den Interviews von einigen Eltern reflektiert:

> *„Man selbst erlebt, wie das Kind immer mehr wissen und erfahren möchte und auch einfach dazu bereit ist, immer mehr aufzunehmen. Wo man denkt, es ist jetzt auch einfach in der Lage dazu, ein kleines Filmchen zu gucken und das zu verarbeiten" (Mutter eines dreijährigen Kindes, 28 Jahre).*
>
> *„Vor einem Jahr hätte ich mir nicht vorstellen können, dass sie schon so viel macht und so viel aufnimmt [...]. Man muss ja auch gefördert werden und die Entwicklung geht in diese Richtung und wir können die Kinder nicht davon [von digitalen Medien, Anm. d. Verf.] fernhalten" (Vater eines 1,5-Jahre alten Kindes, 50 Jahre).*

Auch bezüglich Medienerziehung in der Kita betonen mehrere Eltern, dass sie diese zwar für sinnvoll erachten, aber vom Alter und Entwicklungsstand der Kinder abhängig machen würden.

Exkurs: Kommunikation zwischen Kitas und Familien während der Corona-Pandemie

Die Coronapandemie hat den Kita-Alltag auf den Kopf gestellt – und den Raum für Veränderungen eingefahrener Prozesse geöffnet.[7] Durch die Kitaschließungen wurden in den Projektkitas viele Veränderungen angestoßen, vor allem in Bezug auf den digitalen Kontakt zwischen den Kitas und Familien (Eltern bzw. Kindern). Abläufe, die vorher unhinterfragt analog stattfanden, wurden digitalisiert.

Besonders auffällig ist das große Repertoire an Kommunikationswegen, welche während der Lockdowns erstmalig von den Kitas ausprobiert wurden. Dies umfasste vor allem verschiedene Kommunikations- und Austauschformate mit den Eltern (E-Mail-Verteiler, Newsletter, Elternratssitzungen, Elterngespräche und -beratungen etc.). Teils wurden pädagogische Anregungen wie Mal- und Bastelanleitungen in Clouds oder *Padlets* (eine Art digitale Pinnwand) bereitgestellt. Mit einigen Vorschulkindern wurden Videocalls durchgeführt; auch digitale Morgenkreise, von den Fachkräften gedrehte Videos (mit Vorlesegeschichten, kleinen Experimenten oder Geburtstagsgrüßen) sowie E-Mails an die Kinder gehörten zu den genannten Formaten. Eine (medienpädagogisch bereits recht aktive) Kita hat fast täglich Videos mit den Familien geteilt: von Sportangeboten über Morgenandachten bis hin zu Mitmachliedern.

Die Eltern zeigten sich in den Interviews und Fokusgruppen sehr angetan von der stärker digital ausgerichteten Kommunikation mit der Kita. Sie betonten zwar, dass nicht alle Formate dafür geeignet seien – insbesondere nicht, wenn es um sensible Informationen zu ihrem Kind geht oder das Kennenlernen anderer Eltern im Fokus steht. Grundsätzlich betonten sie aber sehr stark die Vorzüge: „Das ist das Paradoxe an der Situation. [...] Ich fühle mich aktuell viel stärker abgeholt, wie vor dem Lockdown, da hatten wir teilweise noch nicht mal E-Mail-Verteiler" (zweifacher Vater, 45 Jahre).

Es standen jedoch nicht alle Kitas digital mit den Eltern und Kindern in Kontakt. Gründe dagegen waren vor allem fehlendes Know-how und veraltete technische Ausstattung. Eine Kita mit einer bildungsnahen Elternschaft und guter technischer Ausstattung schätzte den Unterstützungsbedarf der Familien als niedrig ein und fürchtete zudem eine zu starke Erwartungshaltung seitens der Eltern. Eine Kita lehnte die digitalen Kommunikationswege mit Kindern explizit ab; eine Fachkraft begründet: „Ein Morgenkreis ist ein Morgenkreis, den macht man hier." Die Leitung ergänzt: „Da bin ich auch so'n bisschen zwiespältig. Das wurde in den Medien gebracht, dieses digitale Bilderbuch-Vorlesen. Aber ick sach', nee Leute irgendwo, weiß' ich nicht. Was hat das Kind davon, wenn es jetzt vor'm Bildschirm sitzt und kann das Buch nicht anfassen und kann nicht sagen ‚Ich hab's nicht verstanden' oder ‚Ich will die Zeile nochmal hören'."

7 Dieses Kapitel ist eine Zusammenfassung des Artikels Lienau/ Frense (2022): „Vom Reizthema zum Qualitätsmerkmal – Die Coronapandemie als Gamechanger frühkindlicher Medienerziehung?" *medienpaed* 46, S. 93-125. Weitere Ausführungen finden sich unter der angegebenen Quelle.

Viele Fachkräfte konnten durch die neuen Erfahrungen ihre Fähigkeiten im Umgang mit digitalen Geräten ausbauen, was auch zu einem Abbau von Hemmungen bzw. Berührungsängsten geführt hat. Besonders eindrücklich scheinen die Erfahrungen dort zu sein, wo digitale Angebote klare Vorteile gegenüber analogen hatten (etwa eine höhere Flexibilität boten oder mehr Eltern erreicht wurden). Im Kontext der vermehrten Praxiserfahrungen mit digitalen Medien gibt es Anzeichen für eine offenere und positivere Grundhaltung gegenüber digitalen Medien, die auf die Nutzung der neu erkannten Potenziale abzielt (vgl. übereinstimmend auch Cohen et al. 2020). Eine Fachkraft beschreibt ihre ersten Erfahrungen mit Videokonferenzen zunächst als Herausforderung, dann jedoch als positiv: „Wir haben es doch noch geschafft, irgendwie. Aber war ja witzig, hat ja dann gut geklappt." Teilweise nutzten Fachkräfte während der Kita-Schließungsphasen auch freigewordene zeitliche Ressourcen, um sich mit und über digitale Medien zu informieren.

Viele Entscheidungen während der Lockdowns wurden eher *ad hoc* getroffen und waren weniger auf eine Verstetigung ausgerichtet, denn als Reaktion auf akute Situationen. Dennoch sind diese positiven Erfahrungen im beruflichen Alltag von pädagogischen Fachkräften ein erster Schritt, um nachhaltige Veränderungen hin zu einer breiten Verankerung von Medienpädagogik in Kindertagesstätten einzuleiten und beizubehalten.

4.2 Medienerziehung im Dialog von Kita und Familie: Zielsetzungen

Wie oben ausführlich geschildert, gehen die Haltungen, Praktiken, Ängste und Bedarfe von Eltern zum Thema Medienerziehung weit auseinander. Eine heterogene Elternschaft erfordert auch unterschiedliche Formen der Ansprache durch die Fachkräfte. Dies stellt für viele Kitas eine Herausforderung dar. Eine Leitung schildert:

> *„Wir müssen immer schauen, wie erreichen wir unsere Elternschaft. Wir haben hier hundert Kinder und dementsprechend unterschiedliche Eltern und Familien. Die einen lesen eher die Email, die anderen eher den Brief und fotografieren es sich ab, wieder andere kriegen nur Informationen übers Hörensagen. Das ist hier die große Herausforderung."*

Dass die Kontaktaufnahme mit Eltern frustrierend sein kann, betont eine andere Fachkraft:

> *„Wir haben auch eine schwierige Elternschaft: Infos oder Rückmeldung zu kriegen ist sehr schwer und mit vielen E-Mails, Anrufen und Nachfragen verbunden. Die Eltern kamen nicht von sich, wir müssen immer gucken: wen kriegen wir und wie?"*

Die Ansprache der Eltern erfordert eine genaue Abwägung hinsichtlich der Wahl der Kommunikationskanäle und Austauschformate. Zu erproben, welche Formate sich unter welchen Rahmenbedingungen besonders für einen gelingenden Dialog zum Thema Medienerziehung eignen, war daher ein zentrales Forschungsanliegen der Feldphase. (Lienau/ van Roessel 2019a)

Dabei stellt der Bildungsbereich Medienerziehung die Kommunikation zwischen Kita und Eltern besonders auf die Probe und kann als „pädagogisches Reizthema" (Theunert/ Demmler 2007, S. 1) gesehen werden. Zwei Faktoren scheinen hier zentral:

- Wie in Kapitel 4.1.6 erläutert, haben viele Eltern (und auch Fachkräfte) ein ungenaues Verständnis der Ziele und der Ausgestaltung des Bildungsbereichs. Anders als bei anderen Themen muss ein gemeinsames Grundverständnis also erst etabliert werden. Dies wird dadurch erschwert, dass für viele Eltern die kindliche Mediennutzung mit Ängsten besetzt ist (siehe Kapitel 4.1.4).
- Die häusliche Mediennutzung ist für viele Eltern ein scham- oder schuldbehaftetes Thema (siehe Kapitel 4.1.3), weshalb oftmals Hemmungen bestehen, sich gegenüber pädagogischen Fachkräften oder auch anderen Eltern hinsichtlich bestehender Probleme oder Herausforderungen zu öffnen. Dies wird dadurch erschwert, dass auch pädagogische Fachkräfte die Mediennutzung und -erziehung der Eltern nicht immer differenziert betrachten und teilweise zu Vorverurteilungen oder Verallgemeinerungen neigen.

Vor dem Hintergrund dieser Herausforderungen sowie der oben festgehaltenen Bedarfe von Eltern (siehe Kapitel 4.1.5) lassen sich folgende Ziele für den medienerzieherischen Dialog zwischen frühpädagogischen Bildungseinrichtungen und Eltern bzw. Familien festhalten (siehe Abb. 9):

- Information und Transparenz

Ein Ziel sollte sein, die medienerzieherische Arbeit in der Kita offenzulegen und über Ziele und Hintergründe der Arbeit zu informieren. Darüber können Eltern ein differenziertes Verständnis des Bildungsbereichs erlangen und ggf. zu Hause an die in der Kita behandelten Themen anknüpfen. Erstrebenswert ist, dass die Eltern der medienpädagogischen Arbeit in der Kita nicht ablehnend oder skeptisch, sondern interessiert und unterstützend gegenüberstehen.

- Eltern sensibilisieren und stärken

Anknüpfend an die spezifischen Bedarfe des Kindes und Verhaltensweisen der Eltern können Fachkräfte Eltern aktiv darin unterstützen, ihre häusliche Medienerziehung zu verbessern. Dazu gehört etwa, Probleme und Konflikte mit dem Kind konstruktiv lösen zu können, Sicherheit in ihrem Handeln zu erlangen, Ängste abzubauen und das Kind entwicklungsgerecht in seiner Mediennutzung zu begleiten. Insbesondere eine intensive Kommunikation zwischen Kind und Eltern zur Mediennutzung des Kindes sowie zu aufgestellten Regeln der Eltern ist zentral, damit Eltern die Mediennutzungsweisen ihrer Kinder kennen und verstehen und Kinder ihre Eltern als kompetente Ansprechpartner*innen wahrnehmen, an die sie sich auch in Problemfällen wenden können. Darüber hinaus sind sich Eltern ihrer Vorbildrolle nicht immer vollumfänglich bewusst; hier bedarf es einer Sensibilisierung. Um die Eltern bei diesen Erziehungsaufgaben zu unterstützen, können Kitas in Austauschformaten Hintergrundwissen vermitteln, zur Reflexion anregen und Tipps geben.

- Austausch und gemeinsame Ziele festlegen

Die Bildungs- und Erziehungspartnerschaft zwischen Kita und Eltern dient dem Wohl des Kindes. Das Zusammenspiel dieser beiden zentralen Bildungsorte zielt auf eine bestmögliche Begleitung in den ersten Lebensjahren ab. Ziel sollte es sein, auch das Thema Medienerziehung als gemeinsame Verantwortung zu verstehen. Eine enge Abstimmung hilft dabei, das Kind bei seinen ersten Medienerfahrungen zu begleiten, Lerngelegenheiten zu schaffen und medieninduzierte Problemsituationen frühzeitig zu erkennen. Indem Medienerziehung als gemeinsame Aufgabe verstanden wird, wird die Nachhaltigkeit medienerzieherischen Handelns verstärkt.

Abb. 9: Zusammenfassung der Ziele des medienerzieherischen Dialogs zwischen pädagogischen Fachkräften und Eltern.

4.3 Handlungsempfehlungen für einen gelingenden medienerzieherischen Dialog

Im Rahmen von zwei sogenannten „Praxiserkundungsprojekten“ (Abkürzung: PEP; siehe Kapitel 5 zu der Methode) erkundeten alle zehn Projektkitas neue Formate der Zusammenarbeit mit Eltern zum Thema und dokumentierten ihre Erfahrungen im Dialog mit den Eltern. Während das erste PEP stärker experimentell ausgerichtet war und die Kitas selbst neue Wege entwickeln konnten, die Eltern anzusprechen, konzentrierte sich das zweite Projekt auf konkrete Einzel- oder Gruppengespräche mit Eltern und die Beobachtung des Gesprächsverlaufs anhand festgelegter Parameter. In beiden Durchläufen war die Durchführung der PEPs von einem vor- und einem nachbereitenden Netzwerktreffen gerahmt; bei letzterem tauschten die Kitas ihre Erfahrungswerte aus und diskutierten mögliche Lösungsansätze für aufgetretene Probleme. Die Erkenntnisse aus den beiden Durchläufen der Praxiserkundungsprojekte werden im Folgenden zusammengefasst. Im Anschluss werden beispielhaft einige Projekte genauer vorgestellt.

Empfehlung 1: Reflexion über die Bedeutung des Dialogs

Viele Kitas berichten, dass sie ohne das Projekt „Medienerziehung im Dialog“ die Eltern weniger in den Blick genommen hätten, es habe ihnen die „Anregung gegeben, dass die Zusammenarbeit mit Eltern wirklich in Fokus gestellt wird“. Im Verlauf der Feldphase sei ihnen bewusst geworden, wie wichtig die Einbeziehung der Eltern sowie das Anknüpfen an deren Erfahrungen sei: „Man möchte so viel, so große Sachen machen. Aber es war genauso wichtig, die Eltern zu beraten und die Kinder von zuhause abzuholen. Das war uns am Anfang gar nicht so bewusst.“ Zwei Kitas haben sich über Befragungen der Eltern und Austausch mit den Kindern näher mit der familiären Mediennutzung beschäftigt. Dies sei sehr aufschlussreich gewesen und hätte ihnen die Relevanz der Zusammenarbeit verdeutlicht: „Uns war nicht bewusst, dass man so stark in die Richtung gucken muss, um der Verantwortung gerecht werden. Aufklärung ist das A und O.“ Die Kitas schildern, dass sie durch das Projekt nicht nur ihre eigene Arbeit transparent gemacht haben, sondern die Eltern auch stärker mitnehmen, sie für das Thema sensibilisieren und ihnen Hilfestellung leisten. Eine Fachkraft resümiert, dass die meisten Eltern zwar die Gefahren kennen, sie aber als zu gering einschätzen würden. Auch wüssten nicht alle Eltern, mit welchen medialen Inhalten ihre Kinder in Kontakt kämen: „Es gab auch Fälle, wo eine Mutter nicht so aufgepasst hat, die war alleinerziehend. Da hat ein Kind mit seinem Bruder alleine umgeschaltet und heimlich Ballerfilme geguckt. Das Kind hat sich dann erschrocken und Alpträume bekommen. Da hat die Mutter sich gewundert und ich hab ihr gesagt: ‚Der erzählt mir davon.‘ – ‚Was, um Gottes willen!‘ Das hat sie gar nicht gewusst.“ Die Methode der Praxiserkundungsprojekte (siehe Kapitel 5) unterstützt Fachkräfte dabei, von den Bedarfen der Zielgruppe aus zu denken – diese Veränderung der Sichtweise ist ein hilfreicher erster Schritt für einen gelingenden Austausch mit den Eltern.

Empfehlung 2: Wertschätzender Austausch auf Augenhöhe

Zentral für einen ehrlichen Austausch, bei dem sich Eltern auch trauen, über Probleme und Schwierigkeiten hinsichtlich der häuslichen Mediennutzung zu sprechen, ist eine offene und wertschätzende Haltung. Dies bestätigen viele Kitas übereinstimmend aus ihren Gesprächen mit Eltern. Ein Leiter sagt:

> *„Unser Ziel ist es wirklich, die Eltern da abzuholen, wo sie sind. Allein diese Haltung – wir sind neutral und wir sind nicht irgendwie voreingenommen – das hilft ungemein. Die Eltern nehmen uns dann auch als Partner wahr und sagen: ‚Komm, wir wollen uns mit euch austauschen, weil ihr uns nicht über einen Kamm schert.'"*

Nicht zu verurteilen, den Eltern nicht mit dem „erhobenen pädagogischen Zeigefinger" zu begegnen, ein Vertrauensverhältnis schaffen – das sind die wesentlichen Punkte, die übereinstimmend als förderlich für die Gesprächskultur genannt wurden. Dies bedeutet nicht, dass nicht auch Probleme besprochen werden können – oftmals berichten Eltern auch von sich aus von Schwierigkeiten, wenn die Basis dafür geschaffen wurde: „Wir merken, dass wir sie mehr über das Positive erreichen. [...] Wenn Eltern mitbekommen, dass wir in dem Thema unterwegs sind, dass wir ansprechbar sind, dann kommen wir viel leichter an sie ran, bzw. Eltern wenden sich an uns." Die Fachkraft berichtet, dass ihr auch ernste Fragen gestellt wurden und über negative Erfahrungen und Ängste gesprochen wurde. Eine Kita-Leitung meint, dass viele Eltern sich selbst stark unter Druck setzen würden und möchte ihnen daher vermitteln: „Es geht nicht darum, den eigenen oder internalisierten Normen gerecht zu werden, sondern das *eigene* Verhalten zu reflektieren und einen *eigenen* Umgang zu finden: Wie geht es mir und meinem Kind damit." Die Lösung sei es, Gelassenheit in die Diskussion zu bringen. Diese Erfahrung bestätigt eine andere Leitung: „Die Praxiserkundungsprojekte haben geholfen, viel offener mit den Eltern umzugehen. Gerade bei Eltern, die denken, vielleicht läuft es bei uns zuhause gar nicht so, wie es sein soll, das möchte ich der Erzieherin vielleicht gar nicht erzählen. Aber Eltern brauchen diesen offenen Austausch und den brauchen auch wir, um einen Einblick zu bekommen, was zuhause so abgeht."

Viele Kitas zeigten sich überrascht und erfreut darüber, wie offen die Eltern von ihren Erfahrungen im Umgang mit digitalen Medien berichtet haben. Eine Fachkraft hat mit mehreren Eltern ein Gruppengespräch durchgeführt und die Erfahrung gemacht, dass es befreiend für die Eltern war, sich offen und ehrlich auszutauschen:

> *„So zu diesem Thema hat man mit den Eltern ja noch nicht gesprochen. Bei manchen dachte man vorher, dass die bestimmt streng sind und die Kinder zuhause nichts mit Medien machen dürfen. Aber das hat sich komplett zerschlagen. Die sind in den Bring- und Abholsituationen echt total anders gewesen als bei diesem Nachmittag. Ich war überrascht, wie*

> *locker die waren. [...] Das war so ein schöner Nachmittag — die waren so im Erzählen, man hatte gar nicht das Gefühl, dass da 'ne Distanz oder so ist – die haben frei raus erzählt."*

Eine andere Kita fasst zusammen: „Viele Eltern sind sehr offen und auch interessiert gegenüber unserer pädagogischen Arbeit. Sie finden diese Art der Transparenz und des Mitgenommenwerdens toll."

Empfehlung 3: An den Haltungen und Bedarfen der Eltern anknüpfen

> *„Also wenn man sich mit den Eltern hinsetzt und spricht, dann hört man eigentlich eher so die Ängste heraus. Die haben wirklich Angst, dass das Kind von morgens bis abends vor einem Tablet sitzt. Und dann erklären wir erstmal, wie wir das überhaupt gestalten, [...] dass wir das wirklich mit in unseren Alltag integrieren. Und meistens, wenn wir diese Gespräche führen, dann sind die Ängste eigentlich schon so gut wie weggeblasen."*

Dieses Zitat einer Fachkraft verdeutlicht, wie wichtig der intensive Austausch zwischen Kita und Eltern ist, um die gegenseitigen Handlungsabsichten zu verstehen. Die Kitas haben in den Praxiserkundungsprojekten die Erfahrung gemacht, dass es wichtig ist, die Eltern dort abzuholen, wo sie sind und sie auch individuell zu unterstützen. Eine Kita hat bei den Eltern etwa einen Unterstützungsbedarf bezüglich der Filter- und Sicherheitseinstellungen der Geräte, die von Kindern genutzt werden, wahrgenommen. Die Einrichtung konnte hierauf reagieren und mit praktischen Hilfestellungen die häusliche Medienerziehung positiv beeinflussen. Auch der Hinweis auf externe Informations- und Unterstützungsangebote, geeignete Apps oder kindgerechte Inhalte knüpft an den Bedarfen vieler Eltern an.

Empfehlung 4: Verschiedene Kanäle und Formate bedienen

Von hoher Bedeutung ist es, verschiedene Kommunikationskanäle und Austauschformate zu bedienen, wie eine Kita zusammenfasst:

> *„Man erreicht nicht mit nur einem Medium alle Eltern – ob es der Brief ist, ob es die Email ist, ob es das Padlet ist."*

Die Kita schildert, dass sich nach der Umstellung von Aushängen auf E-Mails Eltern aktiv einbrachten, die sie vorher eher als passiv empfunden hätten. Auch eine andere Kita hat die Erfahrung gemacht, dass sie viele Eltern eher über digitale Wege als über den klassischen Aushang erreichen, den viele in den stressigen Bring- und Abholsituationen nicht wahrnehmen würden. So haben sie etwa per Mail nach Eierkartons zum Basteln gefragt und waren über die enorme Beteiligung erstaunt: „Das war der erste Riesenerfolg, der dann auch motiviert hat." Eine andere Kita führt seit der Pandemie die Elternratssitzungen digital durch, da dies leichter für die Eltern in den Alltag zu integrieren sei und sich die Gruppe bereits kennen würde: „Tatsächlich habe ich die letzten eineinhalb Jahre nie eine so präsente Sitzung und hohe Teilnehmerzahl gehabt." Auch in der Kommunikation mit nicht-deutschsprachigen Eltern bieten digitale Kommunikationswege Vorteile, da sie den Text direkt übersetzen lassen können. Wichtig ist es, die Bedarfe der Eltern zu reflektieren, wie es diese Fachkraft tut: „Die modernen Eltern haben erst abends oder nachts Zeit, es ist einfach so. Die schreiben dann schon 'ne Email für den nächsten Morgen – warum denn nicht. Morgens ist das Telefon besetzt und die haben die Kinder unterm Arm, sind unter Druck. Für viele ist es etwas bequemer, das schriftlich und in Ruhe zu machen. Und das wollten wir eigentlich auch ermöglichen." In den Interviews mit Eltern (siehe Kapitel 1.2) haben fast alle Eltern geäußert, dass sie E-Mails zu Informationszwecken als praktisch empfinden, viele betonten aber auch die Relevanz des persönlichen Austauschs mit den Fachkräften, der dadurch nicht ersetzt werden dürfte.

Die Wahl des Formats sollte an den Zielen des Austauschs ausgerichtet sein. Um tiefergehend mit den Eltern in Kontakt zu treten und auch sensiblere Themen anzusprechen, sind Tür- und Angelgespräche in der Regel nicht ausreichend (Lienau/ van Roessel 2022, 2019a). Um kritischen Nachfragen und Ängsten zu begegnen, sind oft Einzelgespräche besser geeignet (ebd.). Eine Kita rät dazu, das Thema in regelmäßig stattfindende Entwicklungsgespräche aufzunehmen. Diese seien eine „gute Alternative zu einem themenbezogenen Elternabend zum Thema Medien." Hier könne man „nochmal ganz persönlich in den Austausch kommen und es können Probleme diesbezüglich angesprochen werden und gemeinsam nach Lösungen gesucht werden." Ähnliche Erfahrungen haben auch andere Projektkitas gemacht, die davon berichten, dass dieses Format des Einzel- und Entwicklungsgesprächs einen geeigneten Rahmen für einen offenen und vertrauensvollen Austausch bietet. Während individuelle Gespräche einen geschützten Rahmen bieten, um auch über sensible Themen zu sprechen, kommen Eltern in Gruppengesprächen stärker in den gemeinsamen Austausch (Empfehlung 8). Offene und niedrigschwellige Formate wie Eltern-Kind-Nachmittage oder Elterncafés ziehen auch Eltern an, die zu einem Info-Elternabend nicht kommen würden.

Es bedarf einer Kombination aus verschiedenen und regelmäßigen Austauschmöglichkeiten, um einen gemeinsamen Lernprozess zu begleiten, Ängste abzubauen und möglichst viele Eltern mitzunehmen. Ein Kita-Leiter resümiert: „Dieses permanente Einbeziehen der Eltern, das hilft ungemein bei der ganzen Sache. Seitdem wir das machen, hatten wir kein Elternteil, das wirklich sagt, ‚Um Gottes willen, Ihre Arbeit ist furchtbar'."

Empfehlung 5: Reine Info-Formate vermeiden

Der klassische Elternabend erfährt häufig nur eine geringe Beteiligung. Eine Leitung fasst zusammen: „Da kommen immer dieselben." Info-Formate können aufgelockert werden, indem etwa zunächst ein mit den Kindern erstelltes Projekt (z.B. ein Film) präsentiert wird (Empfehlung 10), Geräte gemeinsam ausprobiert werden (Empfehlung 7) oder Eltern gemeinsam ins Gespräch gebracht werden (Empfehlung 8). Das würde auch die Vorbereitungszeit verkürzen, sagt eine Fachkraft:

„Es braucht keine großen Vorträge. Die Eltern brauchen Zeit und Raum, um selber tätig zu werden bzw. sich auszutauschen anstatt nur zuzuhören."

Empfehlung 6: Eltern persönlich ansprechen

Einige Projektkitas planten zunächst, die Eltern über Info-Briefe, die Homepage, einen Newsletter o.Ä. über die medienerzieherische Arbeit in der Kita zu informieren. Als ergiebiger erwiesen sich aber dialogische Formate:

„Der Schlüssel war dieser persönliche Austausch. Der Kontakt ist unglaublich wichtig, um mit Eltern eine erfolgreiche Basis zu haben. Das war für uns die Essenz."

Eine Kita, die den Eltern über Filmaufnahmen Ausschnitte aus dem Kita-Alltag gezeigt hat, stellte fest, dass es wichtig war, die Eltern persönlich auf diese hinzuweisen: „Die Filme wurden bewusster wahrgenommen und die Eltern kamen mit Ihren Kindern intensiver in den Austausch."

Empfehlung 7: Interaktive Angebote einplanen

„Es ist möglich, Eltern im Bereich Medien abzuholen und auch mitzunehmen. Es muss nur etwas Greifbares und Praxisnahes sein."

So fasst eine Einrichtung ihre Erfahrungen zusammen. Sehr viele Kitas betonen, dass es wichtig ist, den Eltern konkrete Beispiele zu zeigen und sie im besten Fall selbst ausprobieren zu lassen. Alle Eltern hätten ein unterschiedliches Verständnis von Medienerziehung (vgl. dazu auch Kapitel 4.1.6) und unzutreffende Erwartungen, wenn sie hören, dass etwa Tablets eingesetzt werden: „Jedes Elternteil hat eine andere Vorstellung von Medien. Wenn die Eltern die Kinder abholen und vor dem Tablet sitzen sehen, besteht oft die Befürchtung, dass wir die Kinder vor den Geräten parken." Um diesem Missverständnis entgegenzuwirken, bietet eine Kita Führungen durch ihre Einrichtung an, um den Eltern „zu zeigen, was Sache ist". Bei diesen Begehungen hätten sie auch die Gelegenheit, Hintergrundwissen zu ihrem medienpädagogischen Ansatz zu vermitteln und die Geräte näher vorzustellen: „Bei der Elternführung kommt oft der Satz „Ich wäre jetzt gerne wieder Kind, hätten wir das früher mal gehabt'." Andere Kitas haben den Eltern beim Tag der offenen Tür, bei Elterngesprächen, im eigenen häuslichen Kontext (s.u., Beispiel 1), im Rahmen einer Pop-Up-Ausstellung (s.u., Beispiel 2) oder im Rahmen einer QR-Code-Rallye die Möglichkeit gegeben, sich näher mit den Geräten zu beschäftigen. Über das Ausprobieren ist ein differenzierter Blick auf das medienpädagogische Repertoire der Kita möglich, damit „Apps nicht verteufelt werden, sondern man genauer hinguckt". Der Spaßfaktor sorgt für eine lockere Atmosphäre, in der sich auch ängstliche oder skeptische Eltern öffnen können. Alternativ zeigen Kitas auch Fotos oder Videos von der medienpädagogischen Arbeit in der Kita.

Empfehlung 8: Eltern untereinander in den Austausch bringen

„Wir haben gemerkt, die Eltern brauchen so etwas öfters, ein Forum, wo sie einen Ansprechpartner haben, aber sich auch untereinander austauschen können", berichtet eine Kita-Leitung. Um mit Eltern in den Austausch zu kommen und ein gemeinsames Verständnis medienerzieherischen Handelns zu entwickeln, ist es wichtig, gemeinsam zu diskutieren. Insbesondere sollten die Eltern auch untereinander in den Austausch zu kommen. Eine im ersten Projektjahr interviewte Medienpädagogin sagt: „Es ist ganz wichtig, dass die Eltern nicht nur Informationen bekommen, sondern merken, jeder hat da so seine Bedenken, seine Probleme und dass das was Normales ist." (Lienau/ van Roessel 2022, S. 35) Eine Eltern-Medienberaterin schildert:

> *„Eltern hören anderen Eltern sehr viel mehr zu. Das finden die viel spannender, was die Eltern von dem Kind aus der gleichen Gruppe für Regeln haben. Und da so ein bisschen zu moderieren, da braucht es manchmal nur einen Anstoß und dann fangen die an zu erzählen" (ebd., S. 35).*

Dieser Austausch sei nachhaltiger als ein einmaliger Input. Sie selbst lasse ebenfalls viele persönliche Anekdoten aus ihrem Familienleben in ihre Workshops einfließen, damit die Eltern erfahren, dass Medien auch in anderen Familien Konflikte auslösen (ebd.). Eine Projektkita berichtet, dass sie die Erfahrung gemacht hätten, dass gerade die Diskussionen in Gruppengesprächen mit Eltern leichter in Gang kommen als in Einzelgesprächen.

Empfehlung 9: Die Kinder einbeziehen

Die Kitas, deren Praxiserkundungsprojekte Aktionen mit Kindern umfassten, ziehen daraus ein durchweg positives Fazit:

> *„Wenn man Themen durch die Kinder anspricht, wird der erhobene pädagogische Zeigefinger abgeschwächt".*

Eine Einrichtung hat im Rahmen des Projekts über kurze Videos Ausschnitte aus dem Kita-Alltag gezeigt. Sie berichten, dass die Kinder ihre Eltern motiviert haben, sich das Video gemeinsam anzugucken – dies habe auch die Kommunikation zwischen Eltern und Kind gefördert und es sei für die Eltern ein ganz neuer Blick auf ihr Kind gewesen. Dies diente den Fachkräften wiederum als Gesprächsanlass: „Das gab gleich einen ganz anderen Grund, mit den Eltern zu kommunizieren."

Die Kinder aktiv mit einzubeziehen, bietet auch für diese oft eine neue Erfahrung: „Das fand ich ganz schön: Nicht, dass die Eltern den Kindern am Tablet zeigen, wie man das nutzen kann, sondern dass die Kinder die Möglichkeit haben, den Eltern zu zeigen: ‚Guck mal Mama, was man damit machen kann'."

Empfehlung 10: Medienprojekte der Kinder zeigen

In den Elterninterviews haben einige Eltern das Interesse daran geäußert, ihre eigenen Kinder an Filmen oder anderen Projekten mitwirken zu sehen. Mehrere Kitas machten gute Erfahrungen damit, die Präsentation solcher Projekte als Gesprächsanlass oder als Auftakt für einen Elternabend zu nutzen. Eine Kita sagt:

> *„Die Arbeit der Kinder zu zeigen ist das erfolgreichste 'Lockmittel' für Eltern."*

Im Anschluss an die Vorführung eines Projekts eine Info- oder Austauschveranstaltung durchzuführen, kann ein guter Weg sein, die Beteiligung der Eltern zu erhöhen (Lienau/van Roessel 2022, 2019a).

Empfehlung 11: Über Konzepte statt Technik sprechen

Mehrere Kitas betonen, dass es gut ist, nicht die Geräte ins Zentrum der Gespräche zu rücken. Sie heben die Lernmöglichkeiten und die Verknüpfungen mit anderen Bildungsbereichen hervor:

> *„Wenn wir den Schwerpunkt Natur haben, reden wir auch davon, dass wir mit dem WLAN-Mikroskop in den Wald gehen und Bilder machen. Wir sagen nicht explizit, wir sind mit digitalen Medien unterwegs, wir sagen, wir machen unsere tägliche Arbeit mit den und den Mitteln."*

Eine andere Kita betont, dass die Geräte bei ihnen optisch nicht sofort präsent sind: „Wenn man so hier durchgeht, würde man nicht denken, wir sind 'ne Medien-Kita". Das beruhige die Eltern. Auch andere Einrichtungen erläutern den Eltern, dass es Regeln für die Nutzung der Geräte gibt, um so der Angst entgegenzuwirken, dass die Kinder den ganzen Tag damit verbringen.

Empfehlung 12: Eine lockere Atmosphäre schaffen

Kaffee und Kuchen bereitstellen, Info-Materialien auslegen, Geräte zum Ausprobieren ausstellen – so fördern die Einrichtungen eine entspannte Gesprächsatmosphäre, die dabei unterstützt, in einen offenen Austausch zu kommen. Dies ist unabhängig vom Austauschformat wichtig: ob Eltern-Kind-Nachmittag, Elterncafé oder Einzelgespräch.

Empfehlung 13: Materialien nutzen, externe Dozent*innen einbeziehen

Es gibt viele Materialien, die den Einstieg in das Thema erleichtern und die Diskussion anregen können. Bewährt haben sich etwa das (Moderations-)Kartenset „Die #äsch-Tecks". Eine Kita nutzt die Karten sowohl mit Kindern, als auch mit Eltern: „Für uns ist es wie so eine kleine Bibel". Je nach Auswahl der Karten könne man damit ganz unterschiedliche Anreize schaffen. Diese böten einen guten Einstieg in das Thema. Im Rahmen von Elternabenden oder-gesprächen hätten sie die Karten benutzt, um mit den Eltern gemeinsam zu „philosophieren", zu reflektieren und sie für das Thema zu sensibilisieren; sie seien davon „hellauf begeistert" gewesen.

Bereits im „Grünbuch" (Lienau/ van Roessel 2019a) haben wir festgehalten, dass es in bestimmten Situationen auch hilfreich sein kann, externe Expert*innen einzubeziehen, etwa um besonders kritische Eltern abzuholen. Eine interviewte Eltern-Medien-Beraterin äußert den Eindruck, dass es oft hilfreich sei, als Expertin „von außen" wahrgenommen zu werden (ebd., S. 46). Eine Projektkita betont, dass es zu einer differenzierten Betrachtung des Themas beiträgt, wenn verschiedene Expert*innen dieses mit Informationen anreichern.

Anknüpfend an den Austausch mit Eltern können Infomaterialien ausgelegt oder es kann auf Info-Websiten oder externe Hilfsangebote verwiesen werden, um eine weitere Beschäftigung der Eltern mit dem Thema zu fördern.

Empfehlung 14: Auf die Unterstützung der Eltern setzen

Für das Vertrauensverhältnis zwischen Fachkräften und Eltern ist es förderlich, wenn die Eltern entsprechend ihrer Fähigkeiten aktiv einbezogen werden und die Kita auf ihre Unterstützung setzen kann. So schildert eine Fachkraft, dass in der Vergangenheit etwa technische Geräte über die Eltern finanziert wurden. In einer anderen Kita, in der die Eltern sehr viele unterschiedliche Sprachen sprechen, helfen sich die Eltern gegenseitig über eine Dolmetschergruppe, die auch bei Entwicklungsgesprächen unterstützt. Auch bei technischen Hürden gibt es oft Eltern, die über die entsprechende Expertise verfügen und helfen können. Eine Kita schildert ein Beispiel, wo – um unnötigen Müll und Aufwand zu vermeiden – die von einem Fotografen erstellten Kinderfotos erstmals nicht mehr in einer Mappe, sondern über einen Online-Link bereitgestellt wurden. Nicht alle Eltern konnten damit sicher umgehen – ein Vater erklärte sich bereit, ihnen unterstützend zur Seite zu stehen.

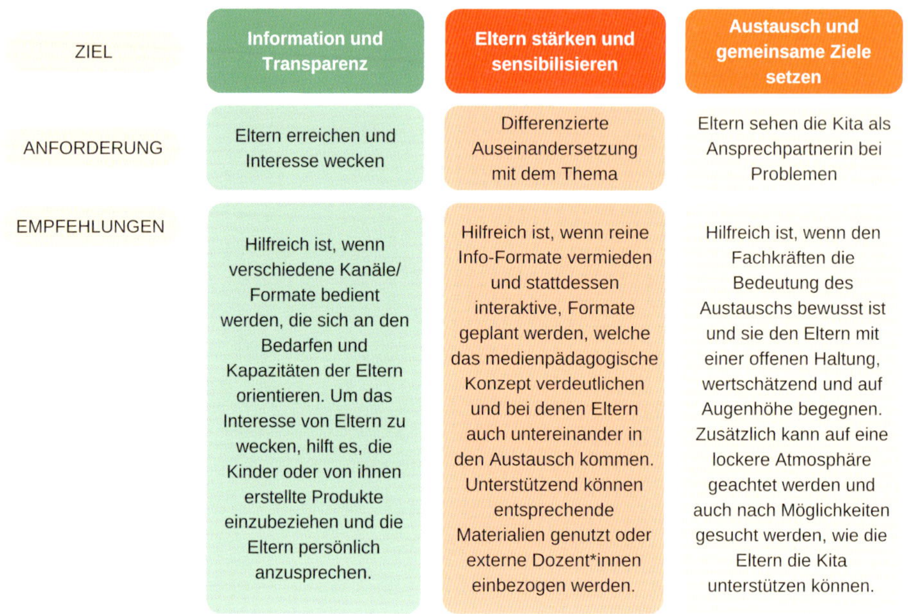

ZIEL	**Information und Transparenz**	**Eltern stärken und sensibilisieren**	**Austausch und gemeinsame Ziele setzen**
ANFORDERUNG	Eltern erreichen und Interesse wecken	Differenzierte Auseinandersetzung mit dem Thema	Eltern sehen die Kita als Ansprechpartnerin bei Problemen
EMPFEHLUNGEN	Hilfreich ist, wenn verschiedene Kanäle/ Formate bedient werden, die sich an den Bedarfen und Kapazitäten der Eltern orientieren. Um das Interesse von Eltern zu wecken, hilft es, die Kinder oder von ihnen erstellte Produkte einzubeziehen und die Eltern persönlich anzusprechen.	Hilfreich ist, wenn reine Info-Formate vermieden und stattdessen interaktive, Formate geplant werden, welche das medienpädagogische Konzept verdeutlichen und bei denen Eltern auch untereinander in den Austausch kommen. Unterstützend können entsprechende Materialien genutzt oder externe Dozent*innen einbezogen werden.	Hilfreich ist, wenn den Fachkräften die Bedeutung des Austauschs bewusst ist und sie den Eltern mit einer offenen Haltung, wertschätzend und auf Augenhöhe begegnen. Zusätzlich kann auf eine lockere Atmosphäre geachtet werden und auch nach Möglichkeiten gesucht werden, wie die Eltern die Kita unterstützen können.

Abb. 10: Übersicht zu den Handlungsempfehlungen für den Dialog mit Eltern, orientiert an den Zielen des Dialogs und damit verbundenen Anforderungen.

4.4 Dialogformate neu denken: Drei Beispiele

Ein Ziel des viereinhalbjährigen Forschungs- und Praxisprojekts war es, den Dialog zwischen Kita und Familie neu zu denken, kreative Austauschformate zu entwickeln und in der Praxis zu erproben. Im Folgenden möchten wir beispielhaft drei Formate vorstellen, die von Projektkitas entwickelt wurden. Diese können dazu anregen, den Austausch mit Eltern weniger im Kontext etablierter Formate und stärker vor dem Hintergrund der individuellen Bedarfe zu betrachten.

Beispiel 1: Die Medien-Forscherkiste

Eine Kita, die im Rahmen ihrer medienpädagogischen Arbeit die Kinder im Umgang mit einigen Geräten (Tablet, digitales Mikroskop) fit gemacht hat, nutzte einen situativen Ansatz, um mit Eltern ins Gespräch zu kommen. So durften die Kinder die Geräte, deren Bedienung sie zuvor erlernt hatten, in einer selbst gebastelten ‚Medienkiste' mit nach Hause nehmen, um auch mit ihren Eltern auf Entdeckungsreise zu gehen. Ihre Erfahrungen konnten sie auf einer mitgegebenen ‚Forscherkarte' festhalten. Auf diese Weise traten die Kinder als Expert*innen auf und zeigten ihren Eltern, was man alles mit einem digitalen Mikroskop machen kann. Die Medienkiste diente der Fachkraft als Aufhänger

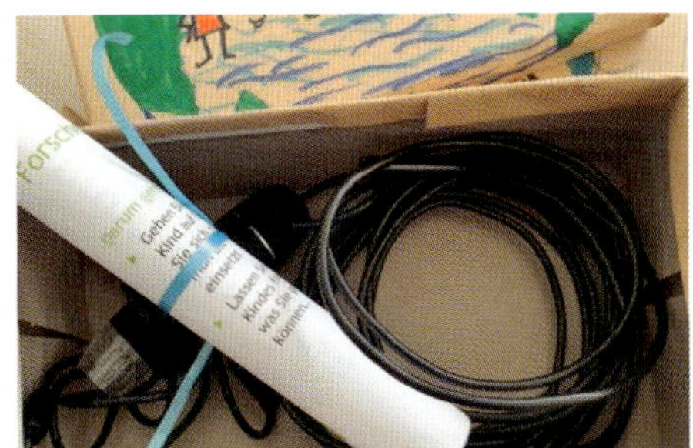

für ein anschließendes themenbezogenes Gespräch mit den Eltern. Die Eltern haben sich in den Gesprächen begeistert und interessiert gezeigt, sie waren offen, mehr über das Thema zu erfahren und auch von eigenen Erfahrungen zu berichten. Die Kita resümiert: „Der Verleih der Forscher- und Entdeckerkiste eignet sich gut, um mit den Eltern einen Dialog bzgl. der Medienerziehung zu initiieren. Dieser bietet uns die Möglichkeit, die Medienerziehung in unserer Einrichtung und deren Vielfalt zu zeigen. So kann für die Familien ein gemeinsames Medienerlebnis zu Hause geschaffen werden." In Zukunft möchten sie das Prinzip beibehalten und ausbauen, indem sie die Forscherkarten in verschiedene Sprachen übersetzen und die Kinder den Inhalt ihrer Box selbst auswählen können.

Forschen & Entdecken

Name: ____________

Ich habe geforscht mit: O Mama O Papa O ________

Das haben wir entdeckt:
____
____

Und zwar hier: ____________

Das Forschen & Entdecken hat uns Spaß gemacht:

Am Besten fand ich:
O Schlüssellochkamera
O Mikroskop

Mama, Papa, ________ fand am Besten:
O Schlüssellochkamera
O Mikroskop

Das möchte ich noch sagen:

Beispiel 2: Das Medien-Interview zwischen Kindern und Eltern

Eine andere Projektkita wählte ebenfalls einen situativen Ansatz, bei dem ein gemeinsames Erlebnis für Eltern und Kind geschaffen wurde. Im Rahmen einer Medien-Themenwoche erkundete sie gemeinsam mit den Kindern verschiedene analoge und digitale Medien: Von alten Wählscheibentelefonen und Radios bis hin zum Tablet. Im Anschluss haben die Kinder eigene Fragen für ein Interview erarbeitet, das mehrere Kinder mit ihren Eltern durchgeführt haben. Dabei haben die Kinder das Elternteil zu *ihrer* Mediennutzung als Kind befragt – die Eltern wurden so zur Reflexion über die eigene Medienbiografie sowie über die Mediennutzung ihres Kindes angeregt. Für das Interview wurde ein spezielles Setting geschaffen: An einem Tisch mit zwei Stühlen, mit einem Aufnahmemikrofon und mit einem Plakat im Hintergrund. Für die Kinder war die Rolle als Moderator*in sehr aufregend, sie haben im Vorfeld die Fragen erarbeitet und mehrfach geübt. Später haben die Eltern einen Fragebogen zu dem Format ausgefüllt. Allen Elternteilen hat das Interview gefallen; sie gaben zum Beispiel an, dass es „eine schöne Erinnerung an die

eigene Kindheit“ gewesen sei, lobten das Thema und schrieben, dass es „auch im Nachhinein für Gesprächsanlässe gesorgt“ habe. Ein Elternteil schrieb: „Es ist klar geworden, wie schnell die Zeit vergeht und wie viel sich verändert hat“. Einem anderen Elternteil ist klar geworden, dass das Wort „Medien“ für Kinder schwer zu verstehen sei. Mehrere Eltern schrieben, dass sie sowohl über ihre eigene als auch die Mediennutzung des Kindes mehr nachdenken würden. Die Kita zieht ein positives Fazit: Das Kind-Eltern-Interview habe für positive Gesprächsanlässe gesorgt und die Eltern zur Reflexion angeregt. Das spezielle Format habe den Vorteil, dass das Thema ohne den ‚erhobenen Zeigefinger' der Erzieher*innen angesprochen würde; somit fühlen sich die Eltern weniger unter Druck gesetzt.

Beispiel 3: Die Pop-up-Ausstellung zum Thema Medienpädagogik

Wieder eine andere Kita hat eine kleine Pop-up-Ausstellung zum Thema Medienerziehung erarbeitet, die sie im überdachten Außenbereich der Kita aufgestellt haben. Auf einer Stellwand beantworteten sie die wichtigsten Fragen. Auf einem großen Bildschirm zeigten sie ein fünfminütiges Video, welches sie im Vorfeld mit den Kindern erstellt haben. Außerdem konnten die Eltern auf einem Tablet verschiedene Apps ausprobieren und sie sich von ihren Kindern erklären lassen. Es war während der Abholzeit immer auch eine Fachkraft anwesend, um Fragen zu beantworten und ins Gespräch zu kommen. Die Ausstellung wurde gut angenommen, insbesondere wenn die Kinder dabei waren – und auch stolz waren, wenn sie im Video zu sehen waren. Manche Eltern mussten durch aktive Ansprache etwas ‚angelockt' werden. Beim ersten Termin war ein Feedbackbogen ausgelegt, der jedoch von den Eltern nicht ausgefüllt wurde. Daher wurde beim zweiten Termin eine Box aufgestellt, in die man per Smiley sein Feedback geben konnte; diese Methode wurde deutlich besser angenommen. Im Gespräch mit den Fachkräften äußerten die Eltern, dass die Ausstellung sie angeregt habe, über das eigene Medienverhalten zuhause nachzudenken. Sie zeigten sich erstaunt, was die Kinder schon alles können, einige fanden es positiv, dass die Kinder mal etwas anderes mit den Geräten machen würden als nur Spiele zu spielen. Wieder andere fanden, dass Kinder zu viel Zeit mit digitalen Medien verbringen. Für die Kita war das Format der Ausstellung ein Erfolg. Es sei wandelbar und flexibel, das heißt ohne viel Vor- oder Nachbereitungszeit auch zu

anderen Themen einsetzbar. Es rege zum thematischen Austausch mit den Eltern in einer lockeren Atmosphäre an: Ansichten und Bedürfnisse der Eltern können wahrgenommen und aufgegriffen werden. Bei einigen Eltern habe das Aufzeigen der vielen Möglichkeiten im Umgang mit Tablets und digitalen Geräten zu Aha-Erlebnissen geführt.

REMOVE
MY PROJECT

5. Das Praxiserkundungsprojekt: Eine Methode, um das Lernen in den Alltag zu integrieren

Welche Formate sich am besten eignen, um mit Eltern einen Dialog über medienerzieherische Themen zu führen, kann von Kita zu Kita variieren. Um den Projektkitas die Möglichkeit zu geben, selbst herausfinden, welche Austauschformate für sie am besten funktionieren, haben wir eine Methode verwendet, die ursprünglich aus der Lehrkräfte-Fort- und Weiterbildung *Deutsch Lehren Lernen (DLL)* des Goethe-Instituts (vgl. Mohr/ Schart 2016; Legutke/ Rotberg 2018) stammt: die „Praxiserkundungsprojekte" (PEP). Im Rahmen der PEPs haben die zehn Projektkitas Austauschformate für den Dialog mit Eltern über medienerzieherische Themen entwickelt und erprobt. Einige der PEPs haben wir im vorigen Kapitel vorgestellt. Hier soll die Methode genauer beschrieben werden.

Die PEPs umfassen ein mehrstufiges Verfahren (vgl. Legutke 2012), das den Ansatz verfolgt, durch „reflektierendes Erfahrungslernen" (Mohr/ Schart 2016, S. 310) die Schwelle zwischen Theorie und Praxis zu überwinden. Theoretisch gewonnene Erkenntnisse – wie zum Beispiel aus Online-Seminaren oder Sachbüchern – sollen praktisch erprobt, systematisch evaluiert und reflektiert werden. Obwohl im Rahmen des Praxiserkundungsprojekts wissenschaftliche Methoden (in vereinfachter Form) Anwendung finden, hat es nicht den Anspruch, akademischen Standards zu genügen. Stattdessen sind PEPs „klein, überschaubar und gerade deshalb wirkmächtig" (Legutke/ Rotberg 2018, S. 622) – es werden „verschiedene Wege aufgezeigt, auf denen Lehrende [bzw. pädagogische Fachkräfte, Anm. d. Verf.] die kritische Reflexion des eigenen Arbeitsumfeldes mit Evidenz anreichern können" (Mohr/ Schart 2016, S. 294). Das Praxiserkundungsprojekt verläuft vereinfacht in fünf Schritten, die im Folgenden näher ausgeführt werden:

Abb. 11: Zyklus eines Praxiserkundungsprojekts (leicht modifiziert, eigene Darstellung) nach Mohr/ Schart 2016, S. 301.

5.1 Die fünf Schritte des Praxiserkundungsprojekts

Das ursprüngliche Konzept der Praxiserkundungsprojekte wurde von den Projektkitas in leicht modifizierter und vereinfachter Form angewandt. Ziel war es, Erkenntnisse zu der Frage zu gewinnen, welche Formate der Elternzusammenarbeit geeignet sind, um mit Eltern in den Dialog zum Thema Medienerziehung zu treten. Viele der Einrichtungen hatten zuvor die Erfahrung gemacht, dass Elternabende zum Thema Medien oft nicht gut besucht sind oder dass vorrangig die ‚üblichen Verdächtigen' erscheinen. Zusätzlich reduzierten die damaligen coronabedingten Kontaktbeschränkungen drastisch die Möglichkeiten, mit den Eltern (in Präsenz) in Kontakt zu treten. Daher waren andere, kreative und teils auch digitale Formate gefragt.

Sinn und Zweck der PEPs war es, bewusst neue Wege auszuprobieren und dabei zu beobachten, wie sich diese Veränderung in der Praxis auswirkt. Welche Auswirkungen hat es zum Beispiel, wenn ein Elternabend digital statt analog durchgeführt wird? Wie reagieren Eltern darauf, wenn man ihnen Informationen per E-Mail statt über Aushänge zukommen lässt? Eignet sich eine kleine ‚Medienausstellung' dazu, mit Eltern ins Gespräch zu kommen und mehr über die häusliche Mediennutzung zu erfahren? All das waren Fragen, denen im Rahmen der PEPs nachgegangen wurde. So entstanden die im vorherigen Kapitel beschriebenen Austauschformate. Das Verfahren soll im Folgenden an einem Beispiel – angelehnt an die fünf genannten Schritte – erläutert werden:

1) Eine PEP-Frage entwickeln

1a) Zunächst identifizierten die Kitas ihre individuelle Problemlage – zum Beispiel, dass die Eltern in Bezug auf das Thema Medien sehr verschlossen oder scheinbar uninteressiert sind.

1b) Dann überlegten sie sich ein Vorgehen, wie sie dieses Problem angehen wollen: Etwa, indem sie zunächst eine interaktive Eltern-Kind-Aktion zum Thema Digitale Medien planen, bevor sie mit den Eltern in das Gespräch gehen.

1c) Daraus formulierten die Kitas eine Fragestellung – diese sollte keine Ja/Nein-Frage sein. Für das Beispiel könnte sie lauten: Wie wirkt sich die vorherige Durchführung einer Eltern-Kind-Aktion auf die Gesprächssituation mit den Eltern aus?

2) Verfahren für die Beobachtung und Datenerhebung festlegen

Im nächsten Schritt überlegen sich die Kitas, woran sie die Frage ‚messen' können – wie lässt sich die Frage beantworten? Hier gibt es unterschiedliche Wege. Zum Beispiel könnte man die Gesprächssituation beobachten und Notizen machen: War die Aktion ein guter Gesprächsanlass, um über das Thema kindlicher Mediennutzung zu sprechen? Waren die Eltern positiv eingestellt und offen? Haben sie Nachfragen gestellt und sich interessiert gezeigt? Alternativ könnte man die Eltern im Nachgang befragen, wie sie das Gespräch empfunden haben und ob sie gerne mehr zu dem Thema erfahren würden.

3) Durchführung des PEPs

Das PEP wird im pädagogischen Alltag durchgeführt. Das gewählte Format und die Beobachtungsmethode haben Einfluss darauf, wie viele Personen dabei anwesend sind. Konkrete Beispiele aus diesen Projekten haben wir in Kapitel 4.4 näher geschildert.

4) Auswertung der Ergebnisse und Präsentation im Team

4a) Anschließend werden die Beobachtungen und Notizen ausgewertet: Wenn Gespräche mit mehreren Eltern geführt wurden, wie unterschieden sich ihre Reaktionen? Sind die Gespräche im Allgemeinen eher positiv oder negativ aufgenommen worden?

4b) Im nächsten Schritt werden die Ergebnisse präsentiert: entweder vor dem Rest des Teams oder – im Fall des Projekts *Medienerziehung im Dialog* – im Rahmen eines Netzwerktreffens mit allen zehn Projektkitas.

5) Reflexion der Ergebnisse

Es kann diskutiert werden: Was lässt sich daraus für die eigene professionelle Praxis lernen und ableiten? Was war überraschend? Soll dieses Format beibehalten werden oder hat es sich nicht bewährt?

5.2 Die PEP-Methode: Ein Mehrwert für Praxis und Forschung

Das Konzept der Praxiserkundungsprojekte hat sich für den Einsatz in Kitas bewährt. Viele Kitas haben die PEPs genutzt, um Formate der Elternzusammenarbeit – insbesondere unter den erschwerten Bedingungen während der Covid-19-Pandemie – neu zu denken. Insgesamt fiel das Feedback zu den PEPs sehr positiv aus. Diese seien „abwechslungsreich", „hilfreich", „lehrreich", „inspirierend", „informativ", „interessant", „aufschlussreich", „motivierend" und „spannend" gewesen. Viele Kitas empfanden das PEP als „Bereicherung" und „Gewinn" für ihre Arbeit. In den Rückmeldungen sagen viele Kitas, dass ihnen die Durchführung sehr viel Spaß gemacht habe und sie auch von den Eltern tolles Feedback erhalten haben.

„Das PEP war für mich eine völlig neue Erfahrung, die mich gestärkt hat für Neues."

„Die Begleitung war sehr hilfreich und motivierend. Dadurch hat das PEP große Freude bereitet. Es war spannend aus sich und der eigenen Komfortzone herauszukommen und etwas Neues auszuprobieren."

„Es war ein sehr spannendes Projekt. Mit vielen neuen Anregungen, Herausforderungen an die eigenen Fähigkeiten und Erfahrungen für kommende Projekte."

Besonders hilfreich fanden die Kitas auch den Austausch mit den anderen Einrichtungen. In mehreren Online-Konferenzen stellten sich die Einrichtungen gegenseitig ihre PEPs und die daraus gewonnenen Erkenntnisse vor. Gemeinsam wurde diskutiert, wie man die Projekte für die unterschiedlichen Kontexte der Einrichtungen abwandeln oder verbessern könnte. In den Feedbacks gaben die Kitas an, dass sie viele Anregungen aus den Treffen mitgenommen haben und diese selbst ausprobieren wollen. Obwohl es den Kitas zu Beginn nicht leicht fiel, einen forschenden Blick auf das eigene pädagogische Handeln zu werfen – was auch an der mangelnden Erfahrung mit dieser Perspektive liegen mag (vgl. Mohr/Schart 2016, S. 301) –, gaben einige Kitas an, dass sie die PEP-Methode auch für andere Arbeitsbereiche anwenden wollen, um neue Impulse zu setzen und Situationen aus einer anderen Perspektive zu betrachten. Als besonders herausfordernd empfanden die Kitas, eine Idee zu entwickeln, die unter den Corona-Kontaktbeschränkungen umsetzbar war. Außerdem war es für sie nicht leicht, die nötige Zeit zu finden sowie die Forschungsfrage richtig zu stellen und zu bearbeiten. In manchen Fällen gab es auch Probleme mit den technischen Geräten.

Neben dem Mehrwert, den die PEPs für die Kitas bieten, zeigen sie auch einen hohen Nutzen für die Verknüpfung von Wissenschaft und Praxis. Sie stellten nur einen von mehreren Bausteinen des vierjährigen Forschungs- und Praxisprojekts *Medienerziehung im Dialog von Kita und Familie* dar. Doch das Projekt hat von dem partizipativen Charakter der PEPs stark profitiert: Indem die pädagogischen Fachkräfte selbst in die Rolle der

Forschenden schlüpften, wurden viele neue Herangehensweisen und Ideen generiert und direkt ausprobiert. Wissenschaft und Praxis wurden nicht getrennt betrachtet, sondern als gemeinsames Anliegen und als Zusammenarbeit auf partnerschaftlicher Basis.

Häufig ist – gerade, wenn es um das Thema Medienpädagogik geht – die Zusammenarbeit mit den Eltern mit Frustration geladen, wenn die Bemühungen der Fachkräfte wenig Resonanz erfahren. Die PEP-Methode kann dazu anregen, eine objektivere Sichtweise einzunehmen, so dass sich Frustration abbaut und ein differenzierter Blick auf die Eltern gewonnen wird. Das ist insbesondere dann wichtig, wenn man sich mit einem ‚Reizthema' wie Medienerziehung beschäftigt. Indem die Praxiserkundungsprojekte in ihrem Aufwand überschaubar bleiben, können sie gut in den Alltag integriert werden. Somit können eingefahrene Strukturen überdacht und neue Handlungsoptionen niedrigschwellig ausprobiert werden.

6. Die Rolle des Trägers: Kitas begleiten und unterstützen

Ob sich Medienerziehung erfolgreich in der Kita verankern lässt, hängt in hohem Maße davon ab, ob der Träger das Vorhaben unterstützt. Viele wichtige Fragen können schon im Voraus geklärt werden, wenn der Träger beispielsweise über ein eigenes Datenschutzkonzept verfügt, welches er den Kitas an die Hand geben kann, oder wenn es bereits konkrete Vorgaben für die Anschaffung, Inbetriebnahme und Arbeit mit digitalen Geräten gibt. Träger können bei der Verankerung von Medienerziehung ganz unterschiedliche Rollen einnehmen und den Prozess dadurch auf unterschiedliche Weise beeinflussen: Das Trägerspektrum der Projektkitas reichte von proaktiv-unterstützend über befürwortend (jedoch ohne aktive Unterstützung) bis skeptisch-zögerlich. Im Folgenden beschreiben wir diese drei Trägertypen und erklären den Einfluss der unterschiedlichen Haltungen des Trägers auf den medienpädagogischen Verankerungsprozess in den Kitas. Darüber hinaus zeigen wir die Bedarfe der Kitas auf, bei denen der Träger zur Seite stehen kann, und gehen näher darauf ein, wie Träger ihrer Schlüsselrolle bestmöglich gerecht werden.

6.1 Drei Trägertypen: von proaktiver Unterstützung über Offenheit bis Skepsis

Proaktiv unterstützender Trägertyp: Fordern und Fördern

Drei Projektkitas gehören Trägern an, welche sie in ihrer medienpädagogischen Arbeit über verschiedene Wege proaktiv unterstützen, aber auch entsprechende Anforderungen stellen.

Eine Kita dient ihrem Träger als Pilotkita für die Nutzung digitaler Medien für die mittelbare und unmittelbare pädagogische Arbeit. In dieser Funktion hat die Kita einen sogenannten „Digi-Koffer" entwickelt, der Info-Materialien, Fachliteratur, Konzepte sowie ausgewählte technische Geräte enthält. Mehrere dieser Koffer werden für 3-4 Monate an die anderen Kitas des Trägers verliehen, die im Anschluss auswählen können, welche Geräte und Materialien sie in der eigenen Arbeit nutzen möchten. Das Thema wurde ganzheitlich angegangen und durch eine trägerinterne Arbeitsgemeinschaft begleitet, an der ein Querschnitt an Kita-Mitarbeiter*innen beteiligt war (von der Verwaltung bis zum Koch). Dabei wurden drei Säulen berücksichtigt: die medienpädagogische Arbeit, die Nutzung digitaler Medien für die Verwaltung sowie für die Öffentlichkeitsarbeit. Im Rahmen dieses Prozesses hat die Kita begonnen, eine Kita-App zu nutzen, die in Zukunft in allen Trägerkitas für diverse Aufgaben eingesetzt werden soll: für die Kommunikation mit den Eltern, die Dokumentation der Anwesenheiten der Kinder, die Portfolio-Arbeit, die Erstellung der Dienstpläne, interne Kalender etc. Der Träger hat die Kita in ihrer Funktion als Pilotkita stark unterstützt: sowohl finanziell als auch durch die Ermöglichung einer Bildungsreise in die Niederlande, um sich bei medienpädagogisch fortgeschrittenen Kitas inspirieren zu lassen. Der Kita-Leiter sagt: „Der Träger ist das A und O, der muss dahinterstehen.“ Die klare Linie, die der Träger fahre, erleichtere ihnen auch den Umgang mit Skeptiker*innen, auch in der Elternschaft: „Diskussionen gibt es immer. Es gibt immer welche, die das gar nicht wollen. Aber im Endeffekt ist es ja 'ne Trägerentscheidung gewesen, digitale Medien zu verwenden.“

Zwei Projektkitas gehören einem Träger an, der einen expliziten Schwerpunkt auf die medienpädagogische Arbeit legt. Entsprechend stehen diverse Ressourcen bereit: in Bezug auf die Ausstattung mit Geräten, die Fortbildung der Fachkräfte, konzeptuelle Leitfäden, Austauschformate etc. Der Träger bietet regelmäßig digitale Sprechstunden zu dem Thema an, zu denen auch externe Referent*innen eingeladen werden. Zu Beginn der Coronapandemie fragte er ab, welche Kitas Bedarf an Tablets haben, um mit den Kindern und Eltern in Kontakt treten zu können. Die Tablets hatten bereits vorinstallierte Apps und konnten auch an die Familien verliehen werden. Dem Träger ist die medienpädagogische Arbeit der Kitas sehr wichtig, was jedoch von von den Fachkräften der beiden Projektkitas oftmals als sehr fordernd empfunden wird: „Es ist durchaus manchmal sehr viel, was da verlangt wird, das ist auch, was den Kollegen so zu schaffen macht.“ Dies betrifft auch die Öffentlichkeitsarbeit der Kitas, die dazu angehalten sind, ihre medienpädagogische Arbeit regelmäßig auf der Website der Kita darzustellen. Hier kommt es darauf an, dass die Struktur der Kita und die Anforderungen des Trägers in einem realistischen Verhältnis zueinander stehen. Eine der beiden Kitas bewältigt die an sie gestellten Anforderungen über eine „Springer“-Fachkraft und stellt so sicher, dass das Thema Medienpädagogik in den Gruppen ankommt und die Kolleg*innen bei Bedarf unterstützt werden.

Offener Trägertyp: Befürwortend, ohne aktive Unterstützung

Die Hälfte der Projektkitas gibt an, dass der Träger ihre medienpädagogischen Bemühungen unterstützt und ihnen diesbezüglich Gestaltungsfreiraum gewährt, aber nicht aktiv fördert oder das Thema Medienpädagogik mit einem übergreifenden Konzept begleitet.

Eine Kita schildert, dass es ohne das Projekt schwierig gewesen wäre, den Träger davon zu überzeugen, Gelder für die Beschaffung digitaler Geräte bereitzustellen und von der

Bedeutung des Bildungsbereichs zu überzeugen. Über das Projekt konnten sie den Träger jedoch mit ins Boot holen; die Kita ist nun das medienpädagogische „Aushängeschild" des Trägers. Eine andere Kita wird in eigener Trägerschaft über einen Verein verwaltet. Der Vorstand des Vereins gewähre der Einrichtung viel Freiheit. Entsprechende Grundlagen – etwa die Datenschutzrichtlinien – hätte die Kita selbst erstellt, was zwar mit viel Aufwand verbunden sei, von der Leitung aber positiv bewertet wird: „Wir wissen dann auch um die Dinge, bei uns ist es nicht nur beschriebenes Papier."

Mehrere Projektkitas dieses Trägertyps geben an, dass es trägerinterne Austauschformate unter den Einrichtungen gibt, die sich bereits (aus eigener Motivation heraus) mit dem Thema beschäftigen. Teilweise können die Kitas ihre Geräte selbst einrichten oder bekommen hierbei vergleichsweise niedrigschwellige Unterstützung durch die IT-Abteilung des Trägers. Orientierung in Form eines übergreifenden Konzepts gibt es hingegen nicht.

Skeptisch-zögerlicher Trägertyp: Unsicher bis blockierend

Zwei Kitas stießen im Rahmen des Projektes auf erhebliche Schwierigkeiten in der Zusammenarbeit mit dem Träger, wodurch sowohl ihr Vorankommen in Bezug auf die Verankerung von Medienpädagogik als auch die Motivation des Teams negativ beeinflusst wurde.

Eine Kita fasst zusammen: „Der Träger hat uns sehr viele Steine in den Weg gelegt: So geht das nicht, so könnt ihr nicht arbeiten – das ging immer nur so. [...] Wenn wir an einer Sache dran sind und das machen wollen, dann sind wir wirklich hinterher. Und der Träger hat uns immer wieder ausgebremst, das hat einfach nur genervt." Schwierigkeiten ergaben sich insbesondere daraus, dass der Träger zunächst keine klare Ansprechperson für medienpädagogische Fragen hatte und somit Anfragen der Kitas nicht bearbeitet wurden. Als sich eine Mitarbeiterin des Trägers schließlich damit befasste, fiel sie kurz darauf durch längere Krankheit aus, wodurch das Projekt wieder zum Erliegen kam. Die Kita wollte beispielsweise eine Kita-App nutzen, um mit den Eltern zu kommunizieren – auch um auf die veränderten Bedarfe während der Corona-Pandemie zu reagieren. Der Träger hat offenbar starke datenschutzrechtliche Bedenken, jedoch auch nicht die nötige Expertise, um konstruktive Lösungsvorschläge zu formulieren. Auch die Einrichtung und Wartung der Geräte durch die IT-Abteilung des Trägers stellte immer wieder ein großes Hindernis dar. Die Einrichtung der Tablets dauerte mehrere Monate und fortlaufend wird jede neue App, welche die Kita nutzen möchte, zunächst von der IT-Abteilung des Trägers überprüft.

In einer anderen Kita hat sich während der Feldphase des Projekts die Geschäftsleitung des Trägers geändert. Dies hat die Zusammenarbeit zwischen Einrichtung und Träger stark verändert: Während sich die Einrichtung vor dem Wechsel unterstützt gefühlt hat, wurden nun viele Prozesse erschwert. Die Kita hat bereits seit einigen Jahren medienpädagogisch gearbeitet, jedoch mit inzwischen veralteter Technik. Als die Kita von den

Projektgeldern neue Tablets erwarb, forderte der Träger vor der Freigabe der Geräte immer neue Überarbeitungen ihres medienpädagogischen Konzepts an. Bis die Kita die Tablets nutzen konnten, verging ca. ein Dreivierteljahr. Die Kita fühlt sich in ihrer langjährigen medienpädagogischen Expertise nicht wertgeschätzt. Während der pandemiebedingten Lockdowns wollte die Kita den Eltern über ein Padlet (eine digitale Pinnwand) Informationen und pädagogische Anregungen zur Verfügung stellen. Auch dies verursachte Probleme mit dem Träger, da sich der Server nicht in Europa befindet – der Träger nannte jedoch keine alternativen Tools, mit denen die Kita mit den Eltern in Kontakt bleiben konnte.

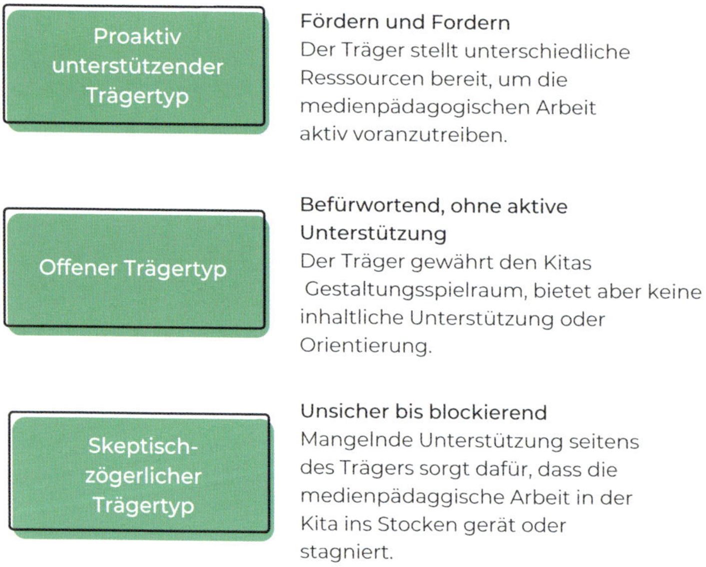

Proaktiv unterstützender Trägertyp	**Fördern und Fordern** Der Träger stellt unterschiedliche Resssourcen bereit, um die medienpädagogischen Arbeit aktiv voranzutreiben.
Offener Trägertyp	**Befürwortend, ohne aktive Unterstützung** Der Träger gewährt den Kitas Gestaltungsspielraum, bietet aber keine inhaltliche Unterstützung oder Orientierung.
Skeptisch-zögerlicher Trägertyp	**Unsicher bis blockierend** Mangelnde Unterstützung seitens des Trägers sorgt dafür, dass die medienpädaggische Arbeit in der Kita ins Stocken gerät oder stagniert.

Abb. 12: Übersicht über die drei Trägertypen: Proaktiv unterstützend, offen und skeptisch-zögerlich.

6.2 Unterstützungsbedarfe der Kitas

Folgende Unterstützungsbedarfe auf Seiten der Kitas wurden identifiziert, bei denen der Träger unterstützend zur Seite stehen kann:

- Datenschutz

Sich in ihrer medienpädagogischen Arbeit und im Kontakt mit den Eltern DSGVO-konform zu verhalten, stellte viele Kitas vor Schwierigkeiten und löste große Unsicherheiten bei pädagogischen Fachkräften und Leitungen aus. Die Kitas haben einen großen Bedarf an leicht verständlichen Richtlinien, die sich an ihrer alltäglichen Praxis orientieren, und an der Bereitstellung anwenderfreundlicher und datenschutzkonformer Tools.

- Konzeptuelle Leitlinien, die an das Profil der Kita anpassbar sind

Zu Beginn der Feldphase war es für die Projektkitas eine zentrale Herausforderung, Zwecke und Ziele ihrer medienpädagogischen Arbeit zu klären. Hier können konzeptuelle Leitlinien des Trägers helfen, die jedoch an die sehr unterschiedlichen pädagogischen Profile der Einrichtungen anzupassen sind und so der Vielfalt der Kitas gerecht werden.

- Empfehlungen für Apps

Sich in der großen Auswahl an Apps zu orientieren und pädagogisch wertvolle Angebote auszuwählen, stellte für viele Fachkräfte eine sehr zeitintensive Arbeit dar. Auch bestehende Angebote, wie die DJI-Datenbank „Apps für Kinder" ist sehr umfangreich. Hier können Träger durch eine reduzierte Vorauswahl unterstützen.

- Klare Ansprechpartner*innen mit medienpädagogischen Fachkenntnissen

Um Kitas zielgerichtet unterstützen zu können, bedarf es auf Seiten des Trägers Ansprechpartner*innen, die sich selbst mit der Thematik befassen und auch den medienpädagogischen Entwicklungsstand der Kitas im Blick haben.

- IT-Support

Entsprechend ausgebildete Fachleute sollten Kitas bei der Einrichtung und regelmäßigen Wartung der Geräte unterstützen. Hierbei ist zu beachten, dass die Kommunikation zwischen Kita und den IT-Beauftragten des Trägers möglichst niedrigschwellig und unkompliziert verlaufen sollte.

- Klare Vorgaben und Richtlinien

Viele Abstimmungsprozesse zwischen Kita und Träger – etwa bei der Anschaffung und Einrichtung von Geräten – können vereinfacht werden, wenn das korrekte Prozedere im

Vorfeld geklärt wird. Hier sollten Träger klare und möglichst unkomplizierte Vorgaben machen, an denen sich Kitas orientieren können.

- Fort- und Weiterbildungsangebote und Austauschformate

Trägereigene Fort- und Weiterbildungsmöglichkeiten und die Bereitstellung von Materialien unterstützen Kitas bei der Einarbeitung in das Thema und der inhaltlichen Orientierung. Im Rahmen von Austauschformaten zwischen verschiedenen Einrichtungen können Kitas von den Erfahrungen anderer Einrichtungen lernen und ihr eigenes Wissen weitergeben.

- Finanzierung und Auswahl der Geräte

Finanzierungsmöglichkeiten für Geräte, Fortbildungen, WLAN-Ausbau etc. sind eine zentrale Voraussetzung medienpädagogischer Arbeit. Die Auswahl der Geräte ist für viele Kitas herausfordernd, u.a., da nicht immer klar ist, nach welchen Kriterien etwa verschiedene Anbieter miteinander verglichen werden sollen.

- Schnelle und lösungsorientierte Bearbeitung von Anfragen

Die Motivation von Kitas kann verloren gehen, wenn medienpädagogische Anliegen erst nach langer Wartezeit durch den Träger bearbeitet werden. Da die Verankerung des Bildungsbereichs eine Herausforderung darstellt und mit vielen Aufgaben verbunden ist, ist eine schnelle und lösungsorientierte Bearbeitung von Anfragen essentiell.

- Vertrauensvolle Zusammenarbeit mit den Einrichtungen

Eine unterstützende und wertschätzende Zusammenarbeit der Träger mit ihren Einrichtungen bei der medienpädagogischen Arbeit ist ein zentraler Faktor. Dazu gehört auch, vorhandene Expertisen anzuerkennen und auf die Erfahrung und Kompetenz der Fachkräfte (auch hinsichtlich ihrer medienpädagogischen Arbeit) zu vertrauen.

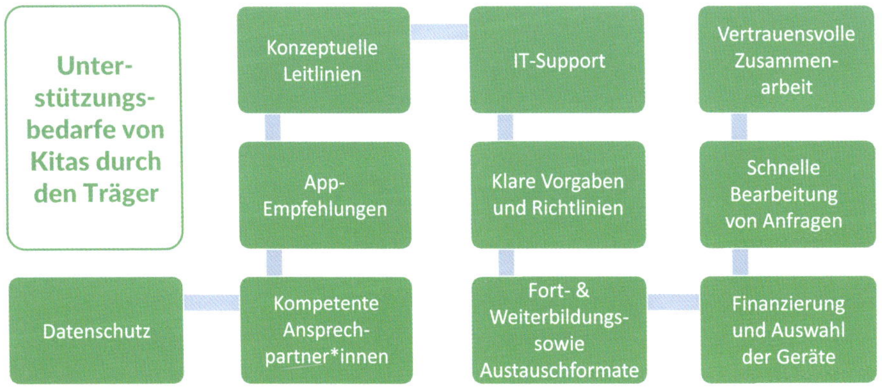

Abb. 13: Zusammenfassung der Unterstützungsbedarfe von Kitas hinsichtlich der Verankerung des Bildungsbereichs Medienpädagogik.

6.3 Die Schlüsselrolle des Trägers

Die Unterstützung der Kita durch den Träger ist ein wesentlicher Gelingensfaktor der medienpädagogischen Arbeit von Kitas: Ist sie gegeben, befördert dies die Verankerung entscheidend, ist sie nicht gegeben, kann der gesamte Prozess blockiert werden. Zwar können Kitas mit Trägern, die dem offenen Typ zuzuordnen sind, auch ohne dessen aktive Unterstützung medienpädagogisch tätig sein, jedoch bedarf es eines höheren Maßes an Eigeninitiative und-motivation seitens der Kita.

Entschließt sich ein Träger, über ein ganzheitliches Konzept die Einführung medienpädagogischer Inhalte im pädagogischen Alltag der Kitas zu fördern, entfaltet dies je nach Trägergröße enorme Skalierungseffekte.

Eine Verantwortungsübernahme durch die Trägerschaft kann der Problematik, dass medienpädagogische Inhalte bislang nicht in der Breite frühkindlicher Bildungseinrichtungen verankert sind, wesentlich entgegenwirken. Wie im „Grünbuch" (Lienau/ van Roessel 2019a) gezeigt, sind es bislang eher motivierte Einzelpersonen, seien es Kita-Leitungen oder einzelne Fachkräfte, welche die Thematik in den Kitas vorantreiben (ebd., S. 9). Dies ist als problematisch zu erachten, da das Vorgehen für die einzelnen Kitas sehr arbeitsintensiv und nur schwer in den ohnehin fordernden Arbeitsalltag zu integrieren ist. Wir stellen folgende These auf:

> *„Um Medienerziehung in der Breite der Einrichtungen zu integrieren, brauchen pädagogische Fachkräfte und Kita-Leitungen [...] Qualifizierung, Unterstützung und Orientierung." (Lienau/ van Roessel 2019a, S. 9)*

Träger haben hinsichtlich der Unterstützung von Kitas bei der Verankerung medienpädagogischer Inhalte eine Schlüsselrolle inne. Über die Träger kann Medienpädagogik schneller in der Praxis umgesetzt werden, als über die – ohne Frage wichtige – verstärkte Integration des Bildungsbereichs in die Ausbildung junger Erzieher*innen, für die vielerorts zunächst Lehrpläne überarbeitet und die ausbildenden Lehrkräfte entsprechend qualifiziert werden müssen, bevor das Wissen die Auszubildenden erreichen kann. Darüber hinaus ist es auch für medienpädagogisch ausgebildete junge Fachkräfte häufig schwierig, als neues Teammitglied eingefahrene Muster in der Einrichtung aufzubrechen (Lienau/ van Roessel 2019a, S. 25).

Damit Träger ihrer Schlüsselrolle gerecht werden können, bedarf es politischer Unterstützung. In Kapitel 2.3 wurde dargelegt, dass Medienpädagogik in den meisten Bundesländern über die Bildungspläne politisch gefordert wird. Daraus lässt sich eine Verpflichtung der Länder ableiten die Träger sowohl finanziell, als auch durch konzeptuelle Richtlinien und datenschutzrechtliche Orientierung in die Lage zu versetzen, medienpädagogische Arbeit in ihren Einrichtungen zu ermöglichen.

Zusammenfassung und Fazit

Die zielführende Gestaltung des medienpädagogischen Dialogs zwischen einer frühpädagogischen Einrichtung und der Elternschaft ist multifaktoriell bedingt und hängt nicht nur von dem individuellen Verhältnis zwischen Fachkräften und Eltern ab, sondern auch von Aushandlungsprozessen innerhalb der Kitas sowie von Unterstützungsangeboten von außen. Der Dialog zwischen Fachkraft und Eltern sollte deshalb nicht isoliert betrachtet werden. Für einen gelingenden Dialog kommt es auf das Zusammenspiel verschiedener Akteure an, seien es Teammitglieder, Kita-Leitungen, Träger oder politische Entscheidungsträger. Der Dialog wird aber auch beeinflusst durch den gesamtgesellschaftlichen Diskurs über die Bedeutung und die Akzeptanz von digitalen Medien in der frühen Kindheit.

Die hier vorgestellten Ergebnisse zeigen, dass zunächst die Ebene der Kita betrachtet werden muss: Bevor Fachkräfte mit Eltern in den Austausch zu frühkindlicher Medienerziehung gehen können, muss innerhalb der Einrichtung ein Prozess stattfinden, in den möglichst das ganze Team involviert ist. Dieser sollte darauf ausgerichtet sein, ein gemeinsames Verständnis des Bildungsbereichs zu entwickeln, welches sich an dem Profil und den Bedingungen der Einrichtung orientiert. Dafür bedarf es einer wertschätzenden Teamkultur sowie der Unterstützung des Vorhabens durch die Leitung. Zuständigkeiten sollten auf verschiedene Teammitglieder verteilt sein: Besonders bewährt hat sich die Etablierung eines medienpädagogischen Fachteams (siehe Kapitel 3.3.2 und 3.5). Wie der offene und lernende Austausch im Team auch mit skeptischen oder ängstlichen Kolleg*innen gelingen kann, haben wir im Kapitel 2 („Lernende Kita") dargelegt. Die kita-internen Verankerungsprozesse sind ein notwendiger erster Schritt, damit sich Fachkräfte in ihrem medienpädagogischen Handeln sicher fühlen und so auch Eltern gegenüber selbstbewusst auftreten können. Im Zwischenfazit (siehe 3.5) haben wir fünf Gelingensbedingungen formuliert, welche sich auf das gelingende Zusammenspiel verschiedener Zuständigkeiten, die Erweiterung von Kompetenzen, die Entwicklung einer Haltung und einer gemeinsamen Vision, die technische Ausstattung sowie die Vernetzung und den Austausch mit anderen Einrichtungen und Organisationen beziehen.

Der Umgang mit digitalen Medien in Familien – und entsprechend auch die damit verbundenen Probleme, Ängste und Bedarfe von Eltern – variieren stark, wie wir in Kapitel 3 aufgezeigt haben. Damit der Dialog gelingt, ist es wichtig, dass pädagogische Fachkräfte die Heterogenität und Hintergründe der Elternschaft bei der Wahl geeigneter Austauschformate reflektieren. So können die Rahmenbedingungen dafür geschaffen werden, dass sich der Dialog an den Bedarfen der Zielgruppe orientiert. Der Austausch sollte darauf ausgerichtet sein, die Eltern über die medienpädagogische Arbeit in der Kita zu informieren und sie in ihrer eigenen Medienerziehung zu stärken und zu sensibilisieren. Darüber hinaus sollte der Austausch darauf zielen, zu einem gemeinsamen Verständnis der geteilten medienpädagogischen Begleitung des Kindes zu gelangen. Damit der Dialog zwischen Kita und Familie gelingt, ist ein wohlwollender Blick auf die Eltern und eine Orientierung an ihren Stärken und Ressourcen förderlich, so können Eltern auch etwaige Scham- und Schuldgefühle im Hinblick auf die Mediennutzung abbauen und die Kita auch bei Problemen im häuslichen Umgang mit Medien als Ansprechpartnerin wahrnehmen. In Kapitel 3 geben wir konkrete Handlungsempfehlungen zur Gestaltung medienpädagogischer Austauschformate und regen mit kreativen Beispielen aus den Projektkitas dazu an, Dialogformate neu zu denken.

Die in Kapitel 2 und 3 beschriebenen Prozesse erfordern in Kindertageseinrichtungen oftmals viele strukturelle Veränderungen, Haltungs- und Perspektivwechsel sowie ein kontinuierliches Lernen angesichts einer sich stetig wandelnden mediatisierten Gesellschaft. In Kapitel 4 stellen wir die Methode der „Praxiserkundungsprojekte" vor, über die das Lernen in den Alltag integriert werden kann und über die Kitas dazu angeregt werden können, eingefahrene Strukturen oder Sichtweisen zu hinterfragen.

Die Ausführungen in den Kapiteln 2 bis 4 machen deutlich: Medienerziehung als gemeinschaftliche Aufgabe von Kita und Familie in die frühkindliche Bildung zu integrieren, stellt Einrichtungen vor viele verschiedene Herausforderungen. Damit Kitas nicht bei Null anfangen, sondern von den Erfahrungen anderer profitieren, auf bestehende Konzepte und Strukturen zurückgreifen und somit Prozesse vereinfacht werden können, bedarf es der Unterstützung und des Rückhalts durch die Träger. Diese schaffen die Grundlagen für die Verankerung von Medienerziehung im Kita-Alltag. In Kapitel 5 haben wir gezeigt, wie unterschiedliche Haltungen des Trägers gegenüber der medienpädagogischen Arbeit die Verankerung in den Kitas wesentlich beeinflussen können. Aufbauend auf den Erkenntnissen aus der Feldphase haben wir konkrete Unterstützungsbedarfe seitens der Kitas benannt und fordern, dass Träger in ihrer Schlüsselrolle auch politische Unterstützung erfahren.

Die besondere Beziehung zwischen Kita-Fachkräften und Eltern stellt ein Charakteristikum der frühen Bildung dar – in den späteren Bildungseinrichtungen der Kinder ist der Kontakt zwischen Pädagog*innen und Eltern wesentlich eingeschränkter bis kaum vorhanden. Wie dargelegt ist die Einbeziehung und Stärkung von Eltern ein zentraler Faktor, um Kinder darin zu unterstützen, den Mediatisierungsprozess – als gesellschaftlichen Aushandlungsprozess – aktiv und zu ihrem Wohl mitgestalten zu können. Damit Fachkräfte Eltern bei den zahlreichen Herausforderungen in der Medienerziehung ihrer Kinder unterstützen können, gibt dieses Buch praktische Handlungsempfehlungen und Anregungen. Um diese umzusetzen, braucht es nicht nur Zeit, die angesichts des gravierenden Fachkräftemangels und herausfordernder Arbeitsbedingungen ein rares Gut im Kita-Alltag darstellt, sondern auch technische, finanzielle und infrastrukturelle Ressourcen – insbesondere auch für die mittelbare pädagogische Arbeit. Hier benötigen Kindertageseinrichtungen politische Unterstützung und Wertschätzung – um der bedeutenden Rolle, die sie im Leben eines Kindes einnehmen, umfänglich gerecht zu werden.

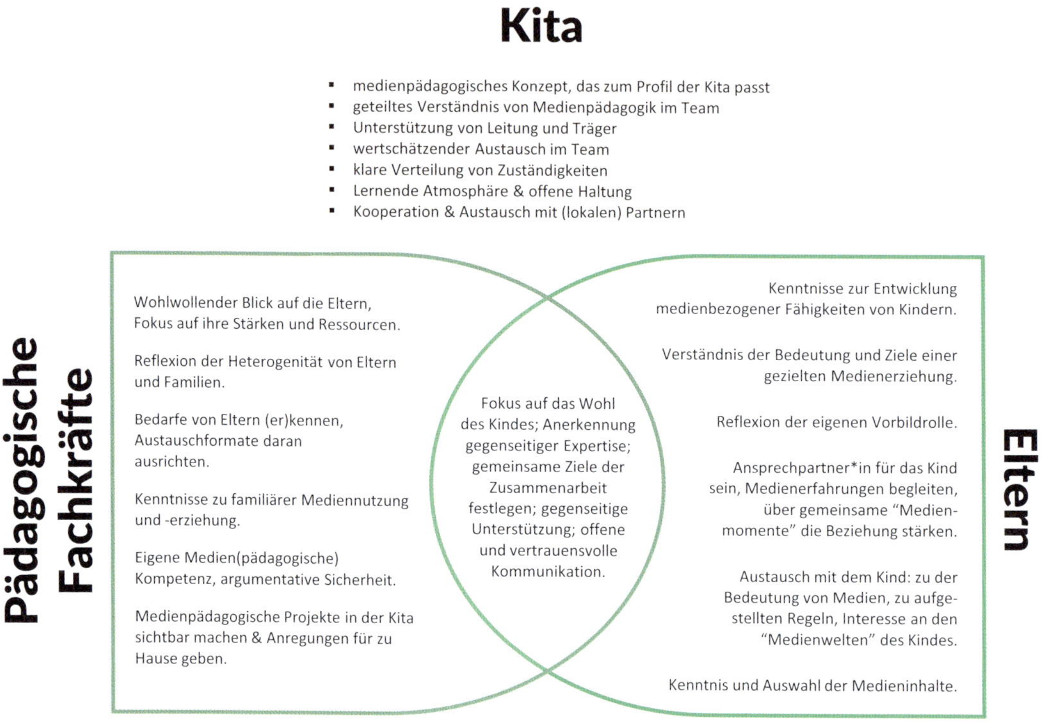

Kita

- medienpädagogisches Konzept, das zum Profil der Kita passt
- geteiltes Verständnis von Medienpädagogik im Team
- Unterstützung von Leitung und Träger
- wertschätzender Austausch im Team
- klare Verteilung von Zuständigkeiten
- Lernende Atmosphäre & offene Haltung
- Kooperation & Austausch mit (lokalen) Partnern

Pädagogische Fachkräfte

Wohlwollender Blick auf die Eltern, Fokus auf ihre Stärken und Ressourcen.

Reflexion der Heterogenität von Eltern und Familien.

Bedarfe von Eltern (er)kennen, Austauschformate daran ausrichten.

Kenntnisse zu familiärer Mediennutzung und -erziehung.

Eigene Medien(pädagogische) Kompetenz, argumentative Sicherheit.

Medienpädagogische Projekte in der Kita sichtbar machen & Anregungen für zu Hause geben.

Fokus auf das Wohl des Kindes; Anerkennung gegenseitiger Expertise; gemeinsame Ziele der Zusammenarbeit festlegen; gegenseitige Unterstützung; offene und vertrauensvolle Kommunikation.

Eltern

Kenntnisse zur Entwicklung medienbezogener Fähigkeiten von Kindern.

Verständnis der Bedeutung und Ziele einer gezielten Medienerziehung.

Reflexion der eigenen Vorbildrolle.

Ansprechpartner*in für das Kind sein, Medienerfahrungen begleiten, über gemeinsame "Medien-momente" die Beziehung stärken.

Austausch mit dem Kind: zu der Bedeutung von Medien, zu aufgestellten Regeln, Interesse an den "Medienwelten" des Kindes.

Kenntnis und Auswahl der Medieninhalte.

Abb. 14: Rahmenbedingungen für einen zielführenden Dialog zwischen pädagogischer Einrichtung und Familie zur medienerzieherische Begleitung in der frühkindlichen Bildung

Literaturverzeichnis

Allgemeine Bemerkung Nr. 25. Über die Rechte der Kinder im digitalen Umfeld, (2021). https://kinderrechte.digital/assets/includes/sendtext.cfm?aus=11&key=1661

Anfang, G. & Demmler, K. (2018). Medienkompetenzförderung in der Kita. *merz medien + erziehung, 62*(2), 12–20.

Aufenanger, S. (1999). Medienkompetenz oder Medienbildung? Wie die neuen Medien Erziehung und Bildung verändern. *Bertelsmann Briefe, 142*, 21–24.

Autorengruppe Bildungsberichterstattung. (2020). *Bildung in Deutschland 2020. Ein indikatorengestützter Bericht mit einer Analyse zu Bildung in einer digitalisierten Welt*. wbv Media. https://doi.org/10.3278/6001820gw

Autorengruppe Bildungsberichterstattung & W. Bertelsmann Verlag. (2018). *Bildung in Deutschland 2018 Ein indikatorengestützter Bericht mit einer Analyse zu Wirkungen und Erträgen von Bildung*. wbv Media. https://doi.org/10.3278/6001820fw

Baacke, D. (2007). *Medienpädagogik [Nachdr.]*. De Gruyter. https://doi.org/10.1515/9783110938043

Bandura, A. (1989). Social Cognitive Theory. In R. Vasta (Hrsg.), *Annals of child development. Six theories of child development: Revised formulations and current issues* (Bd. 6, S. 1–60). JAI Press. www.uky.edu/~eushe2/Bandura/Bandura1989ACD.pdf

Bastian, J., Aufenanger, S. & Daumann, H.-U. (2018). KiTab.rlp – Medienbildung mit Tablets in der Kita. *merz medien + erziehung. Kita digital: Frühe Medienerziehung, 62*(2), 21–27.

Bohm, D. (1996). *On dialogue* (L. Nichol, Hrsg.). Routledge.

Brüggemann, M., Averbeck, I. & Breiter, A. (2013). *Förderung von Medienkompetenz in Bremer Kindertageseinrichtungen*. Institut für Informationsmanagement Bremen GmbH (iiB).

Bundesministerium für Familie, Senioren, Frauen und Jugend. (2016). *Familie und frühe Bildung.* (Nr. 34; Monitor Familienforschung. Beiträge aus Forschung, Statistik und Familienpolitik.). www.bmfsfj.de/blob/112458/5c2232640b25469ea1ad63711f1312d7/familie-und-fruehe-bildung--monitor-familienforschung-ausgabe-35-data.pdf

Cohen, F., Oppermann, E. & Anders, Y. (2020). *Familien & Kitas in der Corona-Zeit. Zusammenfassung der Ergebnisse*. Otto-Friedrich-Universität Bamberg. www.uni-bamberg.de/fileadmin/efp/forschung/Corona/Ergebnisbericht_finale_Version_Onlineversion.pdf

Council of Europe. (2016). *Council of Europe Strategy for the Rights of the Child (2016-2021)*. https://rm.coe.int/CoERMPublicCommonSearchServices/DisplayDCTMContent?documentId=090000168066cff8

Diehm, I. (2018). Frühkindliche Bildung – frühkindliche Förderung: Verheißungen, Verstrickungen und Verpflichtungen. In C. Thon, M. Menz, M. Mai & L. Abdessadok (Hrsg.), *Kindheiten zwischen Familie und Kindertagesstätte: Differenzdiskurse und Positionierungen von Eltern und pädagogischen Fachkräften* (S. 11–23). Springer VS.

Diskowski, D. (2009). Bildungspläne für Kindertagesstätten – Ein neues und noch unbegriffenes Steuerungsinstrument. In H.-G. Roßbach & H.-P. Blossfeld (Hrsg.), *Frühpädagogische Förderung in Institutionen* (S. 47–61). VS Verlag für Sozialwissenschaften. https://doi.org/10.1007/978-3-531-91452-7_4

Düssel, M. (2010). Familiäre Mediennutzung: Einsam oder gemeinsam? Forschungsergebnisse zu Medienerziehung im Kontext sozialer Benachteiligung. *merz medien + erziehung, 54*(4), 11–18.

Eder, S., Brüggemann, M. & Kratzsch, J. (2017). *Kinder im Mittelpunkt: Frühe Bildung und Medien gehören zusammen. Positionspapier der GMK-Fachgruppe Kita*. www.gmk-net.de/fileadmin/pdf/gmk_medienbildung_kita_positionspapier.pdf

Eder, S., Lehmann, A., Lenich, A., Roboom, S., Seiler, G. & Wentzel, J. (2013). *Medienkompetenz-Kitas NRW: Ein Modellprojekt der Landesanstalt für Medien Nordrhein-Westfalen (LfM)* (Landesanstalt für Medien Nordrhein-Westfalen, Hrsg.). LfM. www.medienanstalt-nrw.de/fileadmin/user_upload/materials_and_ordering_system/download/L155_Medienkompetenz-Kitas-NRW.pdf

Eggert, S., Oberlinner, A., Pfaff-Rüdiger, S. & Drexl, A. (2021). *Familie digital gestalten: FaMeMo – eine Langzeitstudie zur Bedeutung digitaler Medien in Familien mit jungen Kindern*. kopaed.

Eggert, S. & Wagner, U. (2016). *Grundlagen zur Medienerziehung in der Familie. Expertise im Rahmen der Studie MoFam – Mobile Medien in der Familie*. JFF - Institut für Medienpädagogik in Forschung und Praxis. https://doi.org/10.25656/01:16560

Fleischer, S., Kroker, P. & Schneider, S. (2018). Medien, frühe Kindheit und Familie. In J. G. Brandt, M. Kaulbach, C. Hoffmann & T. Schmidt (Hrsg.), *Frühe Kindheit und Medien – Aspekte der Medienkompetenzförderung in der Kita* (S. 35–52). Verlag Barbara Budrich. https://doi.org/10.1007/978-3-531-18997-0_23

Friedrichs-Liesenkötter, H. (2019). „Wo Medienbildung draufsteht, steckt nicht unbedingt Medienbildung drin" Eine Dokumentenanalyse von Bildungsplänen und Curricula in Ausbildung und Studium zur frühkindlichen Medienbildung und-erziehung. *Medienimpulse, 57*(1), 1–47. https://doi.org/10.21243/mi-01-19-07

Friedrichs-Liesenkötter, Henrike. (2018). „Und das Handy hat sie von der Zahnfee gekriegt!" – Medienerziehung in Kindertagesstätten unter dem Blickwinkel des medienerzieherischen Habitus angehender Erzieher/innen. In J. G. Brandt, C. Hoffmann, M. Kaulbach & T. Schmidt (Hrsg.), *Frühe Kindheit und Medien – Aspekte der Medienkompetenzförderung in der Kita* (S. 53–76). Verlag Barbara Budrich. https://doi.org/10.1007/978-3-531-18997-0_23

Fröhlich-Gildhoff, K. (2013). Die Zusammenarbeit von pädagogischen Fachkräften und Eltern im Feld der frühkindlichen Bildung, Betreuung und Erziehung. *bildungsforschung, 1/2013, 10. Jahrgang*, 11–25. https://doi.org/10.25656/01:8535

Grassmann, S., Vogt, F., Bauer, A., Luthardt, J., Westphal, S. & Walter-Laager, C. (2021). *Digitale Bildung in der Elementarpädagogik. Ein Modell für die praktische Arbeit mit Kindern*. Universität Graz.

Grenz, T. & Pfadenhauer, M. (2017). De-Mediatisierung: Diskontinuitäten, Non-Linearitäten und Ambivalenzen im Mediatisierungsprozess. In M. Pfadenhauer & T. Grenz (Hrsg.), *De-Mediatisierung. Diskontinuitäten, Non-Linearitäten und Ambivalenzen im Mediatisierungsprozess* (S. 3–23). Springer Fachmedien Wiesbaden. https://doi.org/10.1007/978-3-658-14666-5_1

Grobbin, A. (2016). *Digitale Medien: Beratungs-, Handlungs- und Regulierungsbedarf aus Elternperspektive. Abschlussbericht* (Deutsches Jugendinstitut, Hrsg.). http://nbn-resolving.de/urn:nbn:de:101:1-201610254110

Gutes Aufwachsen mit Medien. (2019). *Digital lokal. Wie Medienerziehung vor Ort gelingen kann.* www.gutes-aufwachsen-mit-medien.de/fileadmin/documents/materialsammlung/1630_broschuere_digital_lokal_gamm_barrierefrei.pdf

Hepp, A. (2018). Von der Mediatisierung zur tiefgreifenden Mediatisierung. Konstruktivistische Grundlagen und Weiterentwicklungen in der Mediatisierungsforschung. In J. Reichertz & R. Bettmann (Hrsg.), *Kommunikation – Medien – Konstruktion. Braucht die Mediatisierungsforschung den Kommunikativen Konstruktivismus?* (S. 27–45). Springer VS. https://doi.org/10.1007/978-3-658-21204-9_2

Jörissen, B. & Marotzki, W. (2009). *Medienbildung - eine Einführung: Theorie - Methoden - Analysen.* Klinkhardt.

Jugendministerkonferenz & Kultusministerkonferenz. (2004). *Gemeinsamer Rahmen der Länder für die frühe Bildung in Kindertageseinrichtungen.* www.kmk.org/fileadmin/Dateien/veroeffentlichungen_beschluesse/2004/2004_06_03-Fruehe-Bildung-Kindertageseinrichtungen.pdf

Jurczyk, K. (2014). Doing Family – der Practical Turn der Familienwissenschaften. In A. Steinbach, M. Hennig & O. Arránz Becker (Hrsg.), *Familie im Fokus der Wissenschaft* (S. 117–138). Springer Fachmedien Wiesbaden. https://doi.org/10.1007/978-3-658-02895-4_6

Kergel, D. (2020). Der Ansatz der Sozialraumorientierung im digitalen Wandel. In N. Kutscher, T. Ley, U. Seelmeyer, F. Siller, A. Tillmann & I. Zorn (Hrsg.), *Handbuch Soziale Arbeit und Digitalisierung* (S. 229–240). Beltz Juventa.

Kinder und tätige Personen in Tageseinrichtungen und in öffentlich geförderter Kindertagespflege am 01.03.2021 (S. 107). (2021). www.destatis.de/DE/Themen/Gesellschaft-Umwelt/Soziales/Kindertagesbetreuung/Publikationen/Downloads-Kindertagesbetreuung/tageseinrichtungen-kindertagespflege-5225402217004.pdf?__blob=publicationFile

Kluczniok, K., Sechtig, J. & Roßbach, H.-G. (2012). Qualität im Kindergarten. Wie gut ist das Niveau der Kindertagesbetreuung in Deutschland und wie wird es gemessen? *ErzieherIn.de. Das Portal für die Frühpädagogik.* www.erzieherin.de/qualitaet-im-kindergarten.html

Kreidenweis, H. (2020). Digitalisierung der Sozialwirtschaft – Herausforderungen für das Management sozialer Organisationen. In N. Kutscher, T. Ley, U. Seelmeyer, F. Siller, A. Tillmann & I. Zorn (Hrsg.), *Handbuch Soziale Arbeit und Digitalisierung* (S. 390–401). Beltz Juventa.

Krotz, F. (2007). *Mediatisierung: Fallstudien zum Wandel von Kommunikation* (1. Aufl). VS Verlag für Sozialwissenschaften.

Krotz, F. (2017). Pfade des Mediatisierungsprozesses: Plädoyer für einen Wandel. In M. Pfadenhauer & T. Grenz (Hrsg.), *De-Mediatisierung. Diskontinuitäten, Non-Linearitäten und Ambivalenzen im Mediatisierungsprozess* (S. 27–43). Springer Fachmedien Wiesbaden. https://doi.org/10.1007/978-3-658-14666-5_2

Kultusministerkonferenz (Hrsg.). (2017). *Bildung in der digitalen Welt. Strategie der Kultusministerkonferenz.* www.kmk.org/fileadmin/pdf/PresseUndAktuelles/2018/Digitalstrategie_2017_mit_Weiterbildung.pdf

Kutscher, N. & Bischof, J. (2020). *Ergebnisse der wissenschaftlichen Begleitung des Projekts „Medienbildung in der Kita". Abschlussbericht.* Universität zu Köln. www.kita.nrw.de/sites/default/files/documents/2021-01/bericht_mkffi_medienbildung_in_der_kita_uzk_290420.pdf

Kutscher, N. & Schäfer-Biermann, B. (2018). Sozialpädagogische Aspekte der Medienbildung. In J. G. Brandt, C. Hoffmann, M. Kaulbach & T. Schmidt (Hrsg.), *Frühe Kindheit und Medien – Aspekte der Medienkompetenzförderung in der Kita* (S. 161–180). Verlag Barbara Budrich.

Langmeyer, A., Guglhör-Rudan, A., Naab, T., Urlen, M. & Winklhofer, U. (2020). *Kindsein in Zeiten von Corona. Erste Ergebnisse zum veränderten Alltag und zum Wohlbefinden von Kindern* (Deutsches Jugendinstitut, Hrsg.). www.dji.de/fileadmin/user_upload/dasdji/themen/Familie/DJI_Kindsein_Corona_Erste_Ergebnisse.pdf

Legutke, M. (2012). *10 Schritte zum Praxiserkundungsprojekt (PEP).* www.goethe.de/resources/files/pdf22/dll_10SchrittezumPEP.pdf

Legutke, M. & Rotberg, S. (2018). Deutsch Lehren Lernen (DLL) – das weltweite Fort- und Weiterbildungsangebot des Goethe-Instituts. *Informationen Deutsch Als Fremdsprache, 45*(5), 605–634. https://doi.org/10.1515/infodaf-2018-0082

Lienau, T. & Frense, E. (2022). Vom Reizthema zum Qualitätsmerkmal – Die Corona-Pandemie als Gamechanger frühkindlicher Medienerziehung?- Eine Analyse neuer Potenziale der pandemiebedingten Digitalisierungsprozesse in Kindertageseinrichtungen. *MedienPädagogik: Zeitschrift für Theorie und Praxis der Medienbildung, 46*, 93–125. https://doi.org/10.21240/mpaed/46/2022.01.16.X

Lienau, T. & van Roessel, L. (2019a). *Grünbuch: Förderliche und hinderliche Faktoren für eine gelingende Medienerziehung in frühkindlichen Bildungseinrichtungen unter Einbeziehung der Eltern und Familien. Zwischenbericht des Forschungs- und Praxisprojekts Medienerziehung im Dialog von Kita und Familie.* Stiftung Digitale Chancen, Stiftung Ravensburger Verlag.

Lienau, T. & van Roessel, L. (2019b). Zur Verankerung von Medienerziehung in den Bildungsplänen für Kindertageseinrichtungen. *MedienPädagogik: Zeitschrift für Theorie und Praxis der Medienbildung, 2019*(Occasional Papers), 126–155. https://doi.org/10.21240/mpaed/00/2019.12.01.X

Lienau, T. & van Roessel, L. (2022). Eltern in die frühkindliche Medienerziehung einbeziehen – aber wie? Ein Überblick über Herausforderungen und förderliche Faktoren. *MedienPädagogik: Zeitschrift für Theorie und Praxis der Medienbildung, 46*, 1–23. https://doi.org/10.21240/mpaed/46/2022.01.12.X

Lubitz, I. & Witting, T. (2018). Digital-interaktive Medien in der frühen Kindheit: Positionen und Haltungen im kritischen Diskurs. In J. G. Brandt, C. Hoffmann, M. Kaulbach & T. Schmidt (Hrsg.), *Frühe Kindheit und Medien – Aspekte der Medienkompetenzförderung in der Kita* (S. 181–200). Verlag Barbara Budrich.

Medienpädagogischer Forschungsverbund Südwest (mpfs) (Hrsg.). (2021). *MiniKIM-Studie 2020. Kleinkinder und Medien. Basisuntersuchung zum Medienumgang 2- bis 5-Jähriger in Deutschland.* www.mpfs.de/fileadmin/user_upload/lfk_miniKIM_2020_211020_WEB_barrierefrei.pdf

Mohr, I. & Schart, M. (o. J.). Praxiserkundungsprojekte und ihre Wirksamkeit in der Lehrerfort- und Weiterbildung. In M. Legutke & M. Schart (Hrsg.), *Fremdsprachendidaktische Professionsforschung: Brennpunkt Lehrerbildung* (S. 291–322). Narr Francke Attempto.

Paul, M. (2019, März 15). *Das Präventionsdilemma in den frühen Hilfen. Problemdefinition, Ergebnisse von Studien des NZFH, Entwicklung von Zugangswegen und Ansprachestrategien.* www.fruehehilfen.de/fileadmin/user_upload/fruehehilfen.de/pdf/Internationale-Tagung-Dornbirn-Das-Praeventionsdilemma-in-den-FH-Vortrag-Mechthild-Paul_b.pdf

Rathgeb, T. (2020). *JIMplus 2020: Lernen und Freizeit in der Corona-Krise.* Medienpädagogischer Forschungsverbund Südwest. www.mpfs.de/fileadmin/files/Studien/JIM/JIMplus_2020/JIMplus_2020_Corona.pdf

Redecker, S. (2014). *Elternkooperation – Zusammenarbeit mit Müttern und Vätern in Kindertageseinrichtungen und Kindertagespflege* (Ministerium für Soziales, Gesundheit, Familie und Gleichstellung des Landes Schleswig-Holstein, Hrsg.). www.schleswig-holstein.de/DE/landesregierung/ministerien-behoerden/VIII/Service/Broschueren/Broschueren_VIII/Kita/elternkooperation.pdf?__blob=publicationFile&v=2

Reichert-Garschhammer, E. (2018, März 19). *Bayerischer Modellversuch: Medienkompetenz in der Frühpädagogik stärken.* 2. Dialogforum der Initiative „Gutes Aufwachsen mit Medien" Digitale Fürsorge – Frühkindliche Medienerziehung als Notwendigkeit, Berlin.

Reichert-Garschhammer, E. (2019). *Kompetenzrahmen zur digitalen Bildung in Kindertageseinrichtungen – Didacta 2019.* Didacta 2019, Köln. www.didacta.de/download.php?id=141

Rosebrock, C. & Zitzelsberger, O. (2002). Der Begriff Medienkompetenz als Zielperspektive im Diskurs der Pädagogik und Didaktik. In N. Groeben & B. Hurrelmann (Hrsg.), *Medienkompetenz: Voraussetzungen, Dimensionen, Funktionen* (S. 148–159). Juventa.

Roux, S. & Tietze, W. (2007). Effekte und Sicherung von (Bildungs-)Qualität in Kindertageseinrichtungen. *Zeitschrift für Soziologie der Erziehung und Sozialisation, 27*(4), 367–384.

Schorb, B. (2009). Gebildet und kompetent. Medienbildung statt Medienkompetenz? *merz | medien + erziehung, 53*(5), 50–56.

Schubert, G., Brüggen, N., Oberlinner, A., Eggert, S. & Jochim, V. (2018). *Haltungen von pädagogischem Personal zu mobilen Medien, Internet und digitalen Spielen in Kindertageseinrichtungen. Bericht der Teilstudie „Mobile Medien und Internet im Kindesalter – Fokus Kindertageseinrichtungen".* https://doi.org/10.25656/01:18042

Schubert, G., Eggert, S., Lohr, A., Oberlinner, A., Jochim, V. & Brüggen, N. (2018). *Digitale Medien in Kindertageseinrichtungen: Medienerzieherisches Handeln und Erziehungspartnerschaft Perspektiven des pädagogischen Personals. Zweiter Bericht der Teilstudie „Mobile Medien und Internet im Kindesalter – Fokus Kindertageseinrichtungen" im Rahmen von MoFam – Mobile Medien in der Familie.* JFF – Institut für Medienpädagogik in Forschung und Praxis. https://doi.org/10.25656/01:1608

Sektion Medienpädagogik, Dg. (2017). Orientierungsrahmen für die Entwicklung von Curricula für medienpädagogische Studiengänge und Studienanteile. *MedienPädagogik: Zeitschrift für Theorie und Praxis der Medienbildung, Einzelbeiträge*, 1–7. https://doi.org/10.21240/mpaed/00/2017.12.04.x

Senge, P. M., Klostermann, M. & Senge, P. M. (2003). *Die fünfte Disziplin: Kunst und Praxis der lernenden Organisation* (9. Aufl.). Klett-Cotta.

Simanowski, R. (2018). *Stumme Medien: Vom Verschwinden der Computer in Bildung und Gesellschaft* (1. Aufl.). Matthes & Seitz.

Sinus Institut (Hrsg.). (2018). *Den Menschen hinter dem User aktivieren. Digitale Zielgruppenlösungen von SINUS.* www.sinus-institut.de/fileadmin/user_data/sinus-institut/Bilder/Loesungen/Digitale_Sinus-Milieus/Info_Digitale_Sinus-Milieus_Webseite.pdf

Six, U. & Gimmler, R. (2007). *Die Förderung von Medienkompetenz im Kindergarten: Eine empirische Studie zu Bedingungen und Handlungsformen der Medienerziehung.* Vistas. www.medienanstalt-nrw.de/fileadmin/user_upload/lfm-nrw/Foerderung/Forschung/Dateien_Forschung/LfM-Band-57.pdf

Spanhel, D. (2002). Medienkompetenz als Schlüsselbegriff der Medienpädagogik? In *forum medienethik* (Bd. 1, S. 48–53). kopaed.

Spanhel, D. (2010). Medienbildung statt Medienkompetenz? Zum Beitrag von Bernd Schorb (merz 5/09). *merz | medien + erziehung, 54*, 49–54.

Spanhel, D. (2011). Medienbildung als Grundbegriff der Medienpädagogik? Begriffliche Grundlagen für eine Theorie der Medienpädagogik. *MedienPädagogik: Zeitschrift für Theorie und Praxis der Medienbildung*, 95-120 Seiten. https://doi.org/10.21240/mpaed/20/2011.09.15.x

SPD, BÜNDNIS 90/DIE GRÜNEN & FDP. (2021). *Mehr Fortschritt wagen. Bündnis für Freiheit, Gerechtigkeit und Nachhaltigkeit. Koalitionsvertrag 2021 – 2025 zwischen der Sozialdemokratischen Partei Deutschlands (SPD), BÜNDNIS 90 / DIE GRÜNEN und den Freien Demokraten (FDP).* www.bildungsserver.de/onlineressource.html?onlineressourcen_id=62906

Theunert, H. & Demmler, K. (2007). (Interaktive) Medien im Leben Null- bis Sechsjähriger – Realitäten und Handlungsnotwendigkeiten. In B. Herzig & S. Grafe (Hrsg.), *Digitale Medien in der Schule. Standortbestimmung und Handlungsempfehlungen für die Zukunft. Studie zur Nutzung digitaler Medien in allgemein bildendenden Schulen in Deutschland.* (S. 137–145). Deutsche Telekom.

Thomann, M. (2015). Medienkompetenz oder Medienbildung? Zur Frage nach dem Zielwert medienpädagogischer Praxis. *MedienPädagogik: Zeitschrift für Theorie und Praxis der Medienbildung, Einzelbeiträge*, 1–14. https://doi.org/10.21240/mpaed/00/2015.02.23.x

Thon, C., Menz, M., Mai, M. & Abdessadok, L. (Hrsg.). (2018). *Kindheiten zwischen Familie und Kindertagesstätte: Differenzdiskurse und Positionierungen von Eltern und pädagogischen Fachkräften.* Springer VS.

Tietze, W., Meischner, T., Gänsfuß, R., Grenner, K., Schuster, K.-M., Völkel, P. & Roßbach, H.-G. (1998). *Wie gut sind unsere Kindergärten? Eine Untersuchung zur pädagogischen Qualität in deutschen Kindergärten.* Luchterhand.

Tietze, W., Roßbach, H.-G. & Grenner, K. (2005). *Kinder von 4 bis 8 Jahren. Zur Qualität der Erziehungs- und Bildungsinstitution Kindergarten, Grundschule und Familie.* Beltz.

Tilemann, F. (2018). „Foto, Film und Wachsmalstift" – Medienpädagogik mit jungen Kindern. In J. G. Brandt, C. Hoffmann, M. Kaulbach & T. Schmidt (Hrsg.), *Frühe Kindheit und Medien – Aspekte der Medienkompetenz in der Kita* (S. 15–26). Verlag Barbara Budrich.

Tulodziecki, G. (Hrsg.). (1995). *Handlungsorientierte Medienpädagogik in Beispielen: Projekte und Unterrichtseinheiten für Grundschulen und weiterführende Schulen.* Klinkhardt.

Tulodziecki, G. (2008). Medienerziehung. In U. Sander, F. von Gross & K.-U. Hugger (Hrsg.), *Handbuch Medienpädagogik* (S. 110–115). VS Verlag für Sozialwissenschaften. https://doi.org/10.1007/978-3-531-91158-8_12

Tulodziecki, G. (2010). Medienkompetenz und/oder Medienbildung? Ein Diskussionsbeitrag. *merz medien + erziehung, 54*(3), 48–53.

Tulodziecki, G. (2011). Zur Entstehung und Entwicklung zentraler Begriffe bei der pädagogischen Auseinandersetzung mit Medien. *MedienPädagogik: Zeitschrift für Theorie und Praxis der Medienbildung, 20*, 11–39. https://doi.org/10.21240/mpaed/20/2011.09.11.X

Wagner, U., Eggert, S. & Schubert, G. (2016). *MoFam: Mobile Medien in der Familie. Langfassung der Studie.* JFF- Institut für Medienpädagogik in Forschung und Praxis. www.jff.de/mofam

Wagner, U., Gebel, C., Lampert, C. (Hrsg.) (2013). *Zwischen Anspruch und Alltagsbewältigung: Medienerziehung in der Familie.* Vistas.

Wippermann, C. (2014, März 13). *Vielfalt der Milieus in unseren Kitas Risiko oder Chance?* Arbeitsgemeinschaft der katholischen Fachakademien für Sozialpädagogik in Bayern, Augsburg. www.katholische-fachakademien.de/fileadmin/redaktion/dateien/Fr%C3%BChjahrstagung2014/Charts_zum_Wippermann-Vortrag_Vielfalt_der_Milieus_in_unseren_Kitas_-_Risiko_oder_Chance.pdf

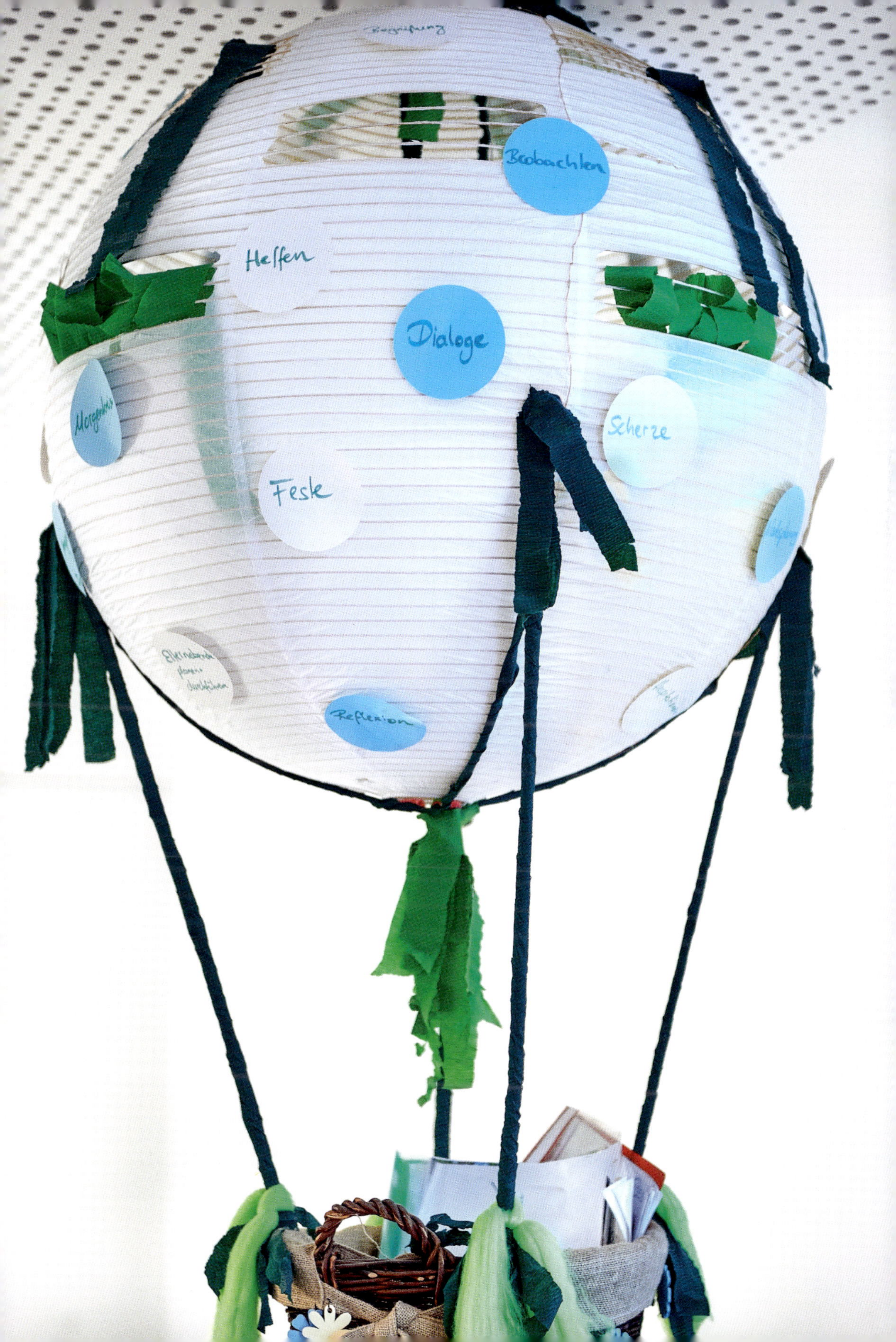
Beobachten
Helfen
Dialoge
Scherze
Feste
Reflexion

Kita Am Röthepfuhl

Die Einrichtung besteht aus einer Kita und einem Hort für Kinder bis 12 Jahre. Sie gehört einem städtischen Träger (MenschensKinder Teltow) an und liegt in Brandenburg, nahe dem Berliner Stadtrand. Die dörfliche Umgebung und die direkte Lage an einem kleinen See und einem nahegelegenen Wald hat zu dem natur- und erlebnispädagogischen Schwerpunkt der Kita geführt. In der zweijährigen Projektphase konnte die Kita ihren Naturschwerpunkt mit der medienpädagogischen Arbeit verknüpfen und erweitern.

Kita Zu den Seen

Die Einrichtung liegt im Berliner Osten, im Bezirk Marzahn-Hellersdorf. Der Träger ist ein Eigenbetrieb der Stadt Berlin (KiGäNO), der 78 Einrichtungen verwaltet. Mit über 200 betreuten Kindern handelt es sich um eine große Kita mit einem 50-köpfigen Team.Die Kita beschäftigt sich bereits seit 2010 mit dem Thema Medienpädagogik, vier Mitarbeiter*innen sind in diesem Bereich speziell ausgebildet. Aufgrund der langjährigen Erfahrung der Kita zeigen sich auch die Eltern dem Thema Medienerziehung gegenüber sehr offen.

Kita St. Heinrich

Die Kita liegt im Wolfsburger Süden und gehört zum Gesamtverband der Katholischen Kirchengemeinden Wolfsburg, dem insgesamt zehn Kindertagesstätten angehören. Es werden 64 Kinder betreut und die Einrichtung verfolgt einen religionspädagogischen Schwerpunkt.

Kinder- und Familienzentrum Martin-Luther

Das Familienzentrum gehört einem evangelischen Träger an und befindet sich in Wolfsburg. Es werden rund 100 Kinder betreut und die Kita arbeitet nach dem Early Excellence Ansatz. Als Familienzentrum hat die Kita eine starke Sozialraumorientierung, der nahe Kontakt zu den Familien ist zentraler Bestandteil der Arbeit. Vor einigen Jahren hat die Kita ihre internen Prozesse und Zuständigkeiten gänzlich umgestaltet und arbeitet nun mit sogenannten „Kernteams“, in denen mehrere Fachkräfte je nach persönlichem Interesse zu verschiedenen Themen zusammenarbeiten – so auch zum Thema Medienerziehung.

Kita Augsburg

Die Kita Augsburg aus Berlin betreut ca. 165 Kinder auf vier Etagen. Die Kita liegt in einer sehr internationalen Nachbarschaft mit vielen verschiedenen Nationalitäten, sodass ein besonderer Schwerpunkt auf der Vermittlung der deutschen Sprache liegt. Die Einrichtung gehört zu BOOT-Kitas, einem freien Träger mit elf Kitas im Raum Berlin.

Kita SieKids

Bei der Kita SieKids handelt es sich um eine betriebsnahe Kita, die für den Berliner Standort von SIEMENS gegründet wurde – jedoch einem freien Berliner Träger (INA.KINDER.GARTEN) angehört, der von dem Unternehmen unabhängig ist. Zu Projektbeginn verfügte sie bereits über einiges an medienpädagogischen Erfahrungen und war technisch gut ausgestattet: Mit Tablets, kindgerechten Robotern und auch einem Smartboard.